문부성 소할목록

일본 최초의 근대교육기관 설치 시찰 기록

문부성 소할목록

조준영 편   신창호 역

우물이 있는집

* 일러두기

1. 본 자료는 서울대학교 규장각 소장(奎2871) 趙準永 編『日本文部省視察記』— 國學資料院 影印本『朝士視察 團關係資料集』5(2000) — 를 대본으로 하였다.

2. 원문은 표점을 찍어 정돈했고, 표점은 쉼표(,) 마침표(.) 콜론(:) 세미콜론(;) 꺽쇠(「」), 겹꺽쇠(『』) 등을 사용하여 간단하게 처리했다. 콜론(:)이나 세미콜론(;)은 내용 설명이나 나열할 때 구분한 것이고, 꺽쇠(「」)는 앞부분을 보완 설명하는 내용이며, 겹꺽쇠(『』)는 저서명을 표기한 것이다. 특히, 원문에서 '美耳頓書名'으로 되어 있는 경우, 『美耳頓』「書名」으로 표시하여 저서명과 보완 설명하는 내용을 명확히 구분했다.

3. 번역은 직역을 위주로 하고 원문의 표점에 따라 제시하는 것을 원칙으로 했으나, 필요에 따라 표점과 다르게 중간 중간에 끊어서 정돈하거나 의역하여 읽기 쉽도록 했다.

4. 인명이나 지명, 국명, 저서 등 고유명사의 표기는 한문 그대로를 한글로 옮겨 표기하되, 필요한 경우에는 각 주나 본문에서 이해하기 쉽게 현재 익숙한 용어를 혼용한다. 국가나 시대 편차로 인한 혼동을 피하기 위해, 원 문의 '본방(本邦)' '국어(國語)' '현금(現今)'과 같은 용어는 우리나라[일본] 국어[일본어] 현재[당시]와 같이 보충 설명을 덧붙였다.
   예: 명치(明治); 메이지, 프랑스; 프랑스, 동경(東京); 도쿄, 도쿠가와 이에노부; 덕천가의(德川家宣), 에도바쿠; 강호막부(江戶幕府)

5. 외국의 인명이나 지명, 저서명을 한문으로 번역하여 표기한 것은 명확하게 해독하기 어려운 부분이 있어 한 문으로 된 그대로를 한글로 옮겨 둔다.

6. 다양한 교과목 명칭은 현재의 교과목 명칭으로 바꾸지 않고 당시에 사용한 원문 그대로 둔다.

7. 년도의 경우, 이해하기 쉽게 서기년도를 병기했다.
   예: 四年; 명치 4년(1871)

8. 한자를 병기할 경우에는 ( )로 처리하고, 한글과 다른 한자나 보충설명이 필요한 내용은 [ ]로 처리했다.
   예: 명치; 명치(明治), 편제 및 교지[編制及敎旨], 변칙[예외조항], 한어[중국어]

머리말

-〈해제〉를 대신하여-

1

　일본에서 문부성은 대한민국의 교육부에 해당하는 국가 기관이다. 명치유신(明治維新) 시기에 설치된 문부성은 일본 근대교육을 추동해온 최고의 국가 조직 기구였다. 때문에 일본 근대교육의 첨병이자 최전선이라 해도 과언이 아니다. 일본의 근대교육은 물론이고, 현대교육에 이르기까지 그 흔적을 엿볼 수 있는, 일본교육의 지렛대 역할을 했던 국가 수준의 제도적 장치였다.

　명치유신 이후, 일본의 근대화 물결은 한반도에도 막강한 영향을 미쳤다. 대한제국 전후에 이루어진 서구식 교육의 도입과 20세기 전반기의 일제강점기 교육은 명치유신에서 비롯된 일본식 교육의 이식기간이라 해도 과언이 아닐 정도이다. 그만큼 우리 근대교육의 근저에 문부성에서 기획한 사유와 제도의 그림자가 짙게 드리워져 있다.

　반세기에 가까운 일제 강점기를 겪은 이후, 3년의 미군정기를 거쳐, 1948년 8월 15일에, 주권과 영토와 국민의 3대 요소를 제대로 갖춘 대한민국 정부가 수립되었다. 그러나 초대 정부인 이승만 정권은 일제 잔재를 온전하게 청산하지 못했다. 특히, 교육에서 일제 잔재는 대한민국 국민의 사고와 의식에 사재(渣滓)처럼 잔존했다. 그 찌꺼기는 우리 교육에 디딤돌이 되기도 하고 걸림돌로 작용하기도 하며, 미미하나마 현재까지도 영향을 미치고 있는 듯하다.

이에 명치유신 이후에 진행된 일본의 교육이 일본 근대교육은 물론 대한제국과 일제강점기를 거쳐 현대의 대한민국 교육에도 시사점이 있을 수 있다는 생각에, 일본 근대교육의 첫 단추처럼 느껴지는 문부성의 최초 설치과정과 내용을 엿보고 싶었다. 역주를 통해 나 자신도 많은 공부를 하게 되었고, 한국의 교육부와 대학을 개혁하는데, 성찰의 계기로 삼을 수 있었다.

2

본 자료의 공식 명칭은 『문부성소할목록(文部省所轄目錄)』이다. 조선의 관리 조준영(趙準永, 1833-1886)이 1881년(고종 18)에 조사시찰단(朝士視察團)의 일원(一員)으로 일본의 문부성(文部省)을 시찰하고 문부성과 일본의 근대 학제에 대해 정리하여 제출한 일본 문부성 시찰기(視察記)이다. 다시 말하면 일본 근대교육의 핵심 추동력이었던 문부성과 대학을 비롯한 주요 교육기관의 설치에 관한 시찰보고서이다. 『문부성소할목록』은 크게 11개 조직의 설치에 관한 규정을 자세하게 정돈하고 있다. 11개 조직과 규정의 목록은 다음과 같다.

① 문부성 전반에 관한 사항[文部省]

② 대학의 학부에 관한 규정[大學法理文三學部]

③ 대학교 예비과정 규정[大學豫備門]

④ 의과대학에 관한 규정[大學醫學部]

⑤ 사범학교에 관한 규정[師範學校]

⑥ 여자사범학교에 관한 규정[女子師範學校]

⑦ 외국어학교에 관한 규정[外國語學校]

⑧ 체육 진흥 및 체육 교원 양성 규정[體操傳習所]

⑨ 도서관에 관한 규정[圖書館]

⑩ 박물관 관련 규정[敎育博物館]

⑪ 교육 토론과 학문 발전을 위한 학술원에 관한 규정[學士會院]

이러한 규정은 해당 조직 기구의 연혁이나 교육과정, 교과목의 세부 사항, 세부 규칙 등으로 구성되어 있는데, 주요 내용과 특징을 간략하게 소개하면 아래와 같다.

① 문부성 전반에 관한 사항[文部省]; 여기에서는 문부성 설치의 대강에 관한 내용을 정돈하고 있다. 주요 내용은 문부성 설치의 연혁(沿革), 직제(職制), 사무에 관한 다양한 규정[事務章程], 필요한 경비(經費), 학교에 관한 간략한 기술[學校誌畧], 교육령(敎育令) 등에 대해 자세하게 기록했다.

일본은 명치(明治) 원년인 1868년에 동경(東京)에 대학을 설립하여 서양식 교육제도를 시행했다. 그리고 4년 뒤인 1872년 7월에 문부성을 설치했다. 이전까지는 대학에서 교육기관의 교육, 위생, 사무 등을 모두 관장했는데, 이제는 문부성에서 이를 관할하게 된 것이다. 이에 모든 교육기관에서 시행되는 교육과정의 대강을 나열하여 기록한 것이 바로 이『문부성소할목록』이다.

명치 4년(1872)에 교육 관리에 관한 규정을 정했는데, 문부성을 설립하면서 문부경(文部卿; 교육부장관)과 대보(大輔)·소보(少輔), 대승(大丞)의 관리 및 그 아래 관리에 대해 기술하고, 아울러 각각의 직급에 대한 월급의 액수에 대해 규정했다. 그리고 명치 4년에서 12년에 이르는 교육 관련 사무규정을 적시하고, 아홉 가지 조항의 내용을 정했다. 경비의 측면에서는 명치 5년 9월부터 12년까지 문부성의 1년 정액금을 밝히고, 명치 13년(1880)의 금액과 각 기관에서 사용할 액수를 자세하게 기록했다.

학교의 경우, 명치 4년 문부성을 설치한 이후 명명된 대학의 명칭과 명치 6년 전국의 8대 학구 및 대학 본부를 개정했다. 이에 동경의 학교는 다음과 같은 체제를 갖추었다. 대학은 기본적으로 법학부·이학부·문학부 등 세 학부를 두었고, 일종의 예비대학 체제인 대학예비문과 의과대학 체제인 대학의학부를 별도로 두었다. 또한 사범[교육]계열의 학교로는 사범학교와 여자사범학교를 설치하고 사범학교에는 부속 소학교를 두었고 여자사범학교에는 부속 유치원을 두었다. 이외에도 외국어를 전문으로 교육하는 외국어학교, 체육을 전문으로 교육하는 체조전습소 등을 갖추었다. 이어 명치 13년 12월에「교육령」을 개정하여 반포했다.

② 대학의 학부에 관한 규정[大學法理文三學部]; 여기에서는 대학교의 설치와 교육과정에 관한 전반적 사항을 정돈했다. 대학의 기본 체계는 법학부·이학부·문학부의 세 학부인데, 학부는 오늘날의 단과대학과 유사한 형태이다.

전체 요약과 안내에 해당하는 기략(記畧)에서는 도쿠가와(德川)의 제6대 장군 도쿠가와 이에노부(德川家宣)가 서양의 교육법을 앞장서서 주장한 후 네덜란드의 학문을 수용하여 시행한 이후의 교육 전개에 대해 기록했다. 이에노부의 후계자인 도쿠가와 요시무네(德川吉宗)는 이에노부의 뒤를 이어 동경[江戶]에 번역국을 설치하고 네덜란드[和蘭]의 책을 번역했다. 그리고 영국·프랑스·독일·러시아 등 유럽에서 유입된 서적으로 교육을 하다가 화학(化學)·물산학(物産學)·수학(數學) 등 세 개 학과를 개설하여 양서조소(洋書調所)라는 학교를 설치했다. 이후 양서조소는 이름을 바꿔 개성소(開成所)라고 불렀고, 명치 원년에 이르러 이 개성소를 발전시켜 교칙을 새로 만들고, 명치 2년에는 교육장을 열고 강습소를 설치하는 등 명치 11년(1878) 9월에 이르기까지 교육제도가 정비 되면서 교육은 지속적으로 변화·발전했다.

편제 및 교지[編制及教旨]에서는 당시 동경대학이 법학부, 이학부, 문학부, 의학부를 종합하고 있는 대학임을 기술했다. 법학부에는 법학과를 설치했고, 이학부에는 화학, 수학, 물리학, 성학, 생물학, 공학, 지질학, 채광·야금학과를 설치했다. 그리고 문학부에는 철학, 정치학, 이재학, 화한문학과를 설치했다. 동경대학의 예비문은 법학부와 문학부가 관장했는데, 본 학부에 입학한 학생은 먼저 예비문을 거친 이후 각 학과에서 수학하도록 했다.

학과 교육과정의 경우, 각 학부의 과목과 교과의 세목을 상세하게 기록했고, 모든 학부의 규칙을 자세하게 소개했다. 학년의 경우, 9월 11일에 시작하여 다음 해 7월 10일에 마친다. 한 학년은 3학기로 나누어 교육과정이 진행되는데, 제1학기는 9월 10일부터 12월 24일까지, 제2학기는 1월 8일부터 3월 31일까지, 제3학기는 4월 8일부터 7월 10일까지였다. 겨울철 휴업에 해당하는 겨울방학 12월 25일부터 1월 7일까지, 봄철 휴업인 봄방학은 4월 1일부터 7일까지, 여름철 휴업인 여름 방학은 7월 11일부터 9월 10일까지였다. 그리고 일요일 및 국제 축제일은 휴일로 지정했다.

③ 대학교 예비과정 규정[大學豫備門]; 여기에서는 예비대학이나 대학의 교양과정과 유사한 성격을 지닌 대학예비문 제도에 관해 대략적인 사항을 기록했다.

연혁에서는 영어학교를 대학예비문으로 편입한 내용을 기술했다. 명치 7년에 동경외국어학교의 영어과를 발전시켜 동경영어학교를 만들었는데, 명치 10년(1877)에 이를 동경대학에 편입하여 대학예비문으로 만들었다. 그 다음 교지 및 과정에서는 대학예비문의 교육과정에 관한 내용을 정돈했다. 동경대학의 법학부나 이학부, 문학부에 입학하려는 학생은 보통 학과의 교양을 넓게 공부하는 예비 과정을 거쳐야 한다. 예비 단계로 4년의 과정을 졸업한 자에 한해 대학에 들어가서 법학부·이학부·문학부의 한 학과를 선택하여 수학할 수 있다. 그리고 각 학과마다 교육과정의 주요 내용과 항목, 교과의 세목이 어떠한지도 자세하게 기록했다.

④ 의과대학에 관한 규정[大學醫學部]; 이는 현재의 의과대학에 해당하는 대학의 의학부 제도에 관해 대략적인 사항을 기록했다. 의학부지만 약학대학에 해당하는 제약학 분야도 다루고 있어, 의학대학과 약학대학을 통합한 형태로 운영되었다.

연혁에서는 의과대학의 역사를 기술했다. 처음에는 종두관을 설립하여 서양 의학과 의술의 기치를 내세웠고, 나중에는 이를 서양의학소로 개칭했다. 여기에서는 네덜란드에 유학생을 파견하여 의학과 의술을 배우게 하고, 이들이 귀국하여 병원을 세워 네덜란드 방식으로 학생을 교육했다. 이 병원을 의학소라 부르다가 명치 원년에 의학교와 병원을 군무관에 편입하고 동경부에서 관할하는 것으로 운영했다. 명치 2년(1869)에 의학교를 병원과 통합하여 의학교 겸 병원이라 부르고 대학교에 소속시켰다. 이렇게 의학교와 병원의 역사를 거쳐 명치 10년(1877)에 동경대학의학교를 설치했다. 이때 독일 등 유럽 각국의 의학 관련 교사를 여럿 초빙하여 의학 교육과정을 정하고, 예과와 본과를 개설했다.

통칙(通則)에서는 의학교육을 위한 교과를 의학 본과와 의학 예과로 나누어 설치한 내용을 기록했다. 예과와 본과의 학기는 모두 5년으로 했다. 특이한 사항은 의학을 가르치는 교사는 오직 독일어를 사용한다는 등의 엄격한 단서 조항이 포함되어 있다.

예과 과정과 본과 과정의 교육과정을 기술한 다음, 제약학을 가르치는 규칙과 제약학 본과 과정, 그리고 통학생 규칙, 의학 과정에 재학하는 통학생 교육과정, 제약학 과정에 재학하는 통학생 교육과정을 기술했다. 또한 별도의 통학생 교육 공간을 마련하여 학생들을 배려했는데,

의학의 경우 의학 과정 재학 3년 반부터 4년, 제약학 과정의 경우 제약학 재학 2년의 기한 동안, 나이가 많아 외국어나 수학 등을 이수할 시간이 없는 학생과 특별한 사정으로 오랫동안 학교에 다니지 못한 학생에게 일본어로 의학과 제약학을 가르치는 통학생 제도를 운영했다. 마지막으로는 병원에 관한 제반 사항을 담은 규칙을 덧붙였다.

⑤ 사범학교에 관한 규정[師範學校]; 사범학교는 현재의 교육대학이나 사범대학에 해당하는 교원 양성 기관이다.

그 연혁을 보면, 명치 5년(1872)에 창설하고 명치 6년(1873)에 부속소학교를 설치하여 소학 단계의 학생을 가르치는 방법을 교육했다. 명치 7년(1874)에 이르러 소학사범학과로 명칭을 바꾸고 예과와 본과를 두었다. 예과는 교원이 되는 학업을 미리 이수하는 교육과정이고, 본과는 예과의 학업을 거친 후 구체적이고 체계적인 수업 방법을 배우는 교육과정을 중심으로 했다. 이 두 과를 합쳐 사범학교라고 불렀다.

명치 8년(1875)에 중학사범학과와 중소학사범학과를 설치하고, 명치 12년(1879) 2월에 학교제도를 고쳐, 격물학, 사학 및 철학, 수학, 문학, 예술의 다섯 학과로 분류했다. 전과를 예과와 고등예과, 그리고 본과로 나누었는데, 예과와 고등예과는 각각 4등급으로 나누었고, 본과는 상·하 2등급으로 나누어 소학교의 교원이나 중학교의 교원으로 적합한 인재를 양성했다. 이 외에 학교의 규칙, 교과세목, 입학규칙, 부속소학규칙, 소학교 교칙이 기술되어 있다.

⑥ 여자사범학교에 관한 규정[女子師範學校]; 위에서 다룬 사범학교

가 남성 교원을 양성하는 학교라면, 여자사범학교는 여성 교원을 양성하는 교육기관이다.

여기에서도 사범학교와 마찬가지로 학교의 규칙과 본과 과정, 예과 과정, 입학규칙, 교수규칙 등을 자세하게 기술하고 있다. 사범학교에 부속 소학교가 있다면, 여자사범학교에는 부속유치원이 있어 부속유치원규칙, 보육 과목, 보육 과정 등을 자세하게 기록하고 있다.

⑦ 외국어학교에 관한 규정[外國語學校]; 외국어학교는 옛날 개성학교 안에 영국과 프랑스 두 나라 어학을 교육하는 학과를 설치하여 외무성에 설치한 외국어학소와 동합했다.

명치 2년(1869)에 독일어를 교육하는 독일어학을 설치한 후, 명치 7년(1874)에는 동경영어학교를 설치하여 영어를 비롯한 프랑스어, 독일어, 러시아어, 한어학[중국어]를 가르쳤으며, 명치 10년(1877)에는 조선어학도 가르쳤다.

외국어학교는 프랑스어학, 독일어학, 러시아어학, 한어학, 조선어학 등을 주요한 외국어를 가르치는 교육기관이다. 때문에 교칙을 보면, 모든 어학을 상·하 두 등급으로 나누어 엄격하게 관리했다. 하등 어학 과정은 3년, 상등 어학 과정은 2년 동안 수학했다. 별도의 과정[別附課程]에서는 한어, 조선어학 과정, 프랑스어·독일어·러시아어학 과정을 상세하게 소개했다.

⑧ 체육 진흥 및 체육 교원 양성 규정[體操傳習所]; 체조전습소는 체육과 연관된 여러 교과를 전문적으로 교육하는 기관이다.

특히, 일본에 적합한 체육의 방식을 선정하여 체육 교원을 양성하는 곳이다. 이에 체조전습소 학생의 자격 요건을 자세하게 제시했다. 교칙(教則)에서는 체육 교원 양성을 위한 학과목 등도 소개했다.

⑨ 도서관에 관한 규정[圖書館]; 도서관은 학교에서 교육을 하는 데 필요한 핵심 기관으로, 근대교육의 양식이 도입될 때도 필수 기관으로 자리매김 되었다.

이에 이 규정에서도 도서관 운영에 관한 규칙을 구체적으로 기술하고 있다.

⑩ 박물관 관련 규정[教育博物館]; 박물관은 교육상 필요한 여러 가지 자료인 광석, 초목, 조류·곤충·어류의 표본, 각종 동식물을 갖추어 학생들이 관람하고 조사·탐구할 수 있도록 도움을 준다.

이에 박물관의 여러 교육 자료를 기초로 하여, 교육과정을 통해 해설하고 본떠서 만들며, 그림으로 그리고 베끼도록 하여 세상에 실제로 필요한 교육을 할 수 있도록 박물관의 규칙을 기술하고 있다.

⑪ 교육 토론과 학문 발전을 위한 학술원에 관한 규정[學士會院]; 학사회원은 현재의 학회, 연구회, 학술원과 비슷한 학술단체이다. 무엇보다도 교육에 관한 다양한 문제를 토의하고, 학술·기예를 논의하는 장소이다.

이에 교육과 학문 부흥, 지속적인 학술 발전을 위해 학사회원의 「규칙」을 기술하여 정돈해 놓았다.

3

본 자료의 기본 서지사항 및 저자, 구성(목차)은 아래와 같다.

【서지사항】

<표제 사항>
○ 원서명: 日本文部省 視察記
○ 표지서명: 文部省 所轄目錄

<판본 사항>
필사본(筆寫本)

<발행 사항>
○ 발행지: 미상
○ 발행자(필사자): 趙準永
○ 발행연도: 朝鮮 高宗 18年(1881)

<형태 사항>
○ 책 권수: 1책(88장)
○ 책 크기: 30.5×20㎝(12행 22자)
○ 표기 문자: 漢字

【저자(필사자)】

行護軍　趙準永

【구성(목차)】

○ 文部省
　沿革
　職制
　事務章程
　經費
　學校誌畧
　教育令
○ 大學法理文三學部
　記畧
　編制及教旨
　學科課程
　法學部
　理學部
　文學部
　教科細目
　規則
○ 大學豫備門
　沿革

4

19세기 후반, 일본의 명치유신은 일본이 근대국가로 나아가는 데 중요한 계기가 되었다. 서구 열강의 부국강병의 모습을 따라잡기 위해 일본은 사회 전반에 걸친 대개혁을 모색했고, 근대화를 달성하기 위해 서구 문명의 수용이 간절했다. 이에 학술·사상을 비롯하여 제도, 복식, 건축 등, 포괄적 의미의 서구 문화를 대폭적으로 수용하고 장려했다.

조선도 일본을 비롯한 주변국의 변화에 주목하기 시작했고, 1881년 (고종 18), 조선 정부는 일본에 시찰단을 파견한다. 해외 정세에 너무나 어두웠던 조선은 강화도조약(1876) 이후, 서구 열강에 문호를 개방하고 서구 문물을 받아들이기 시작했다. 그 첫 과업이 먼저 개화한 일본의 문물을 시찰하는 일이었다. 1876년 제1차 수신사(修信使)로 김기수 (金綺秀)가, 1880년에는 제2차 수신사로 김홍집(金弘集)이 파견되었다. 이후 조선 정부는 통리기무아문(統理機務衙門)을 설치하여 근대화를 도모했고, 일본에 시찰단을 파견한다. 그들이 조사시찰단이다. 조사시찰단은 1881년 4월 10일 부산을 출발하여 4월 28일 동경에 도착했다.

일본 정부는 책임자를 임명하여 이들을 크게 환대했고, 시찰단은 왕족과 고급 대신들도 면담했다. 약 2개월 반에 걸친 조사 결과는 시찰기류(視察記類)와 문견사건류(聞見事件類)로 작성되었다. 이들이 조사한 대상은 일본의 정부 각 부처와 육군, 세관, 포병공창, 산업시설, 도서관, 박물관 등이었다. 본『문부성소할목록』은 그 가운데 하나이다.

일본의 명치유신에서 강조한 혁신의 핵심은 학제 개혁, 지조(地租) 개정, 사법 제도 정비 등이었다. 이 가운데 유럽을 중심으로 하는 선진

국가들의 학술 문화를 전적으로 수용하고, 이를 가능케 한 교육제도를 도입하면서 문부성을 설치하게 이른다. 그 내용을 응축하여 정돈한 것이 『문부성소할목록』이다.

앞에서 언급한 것처럼, 『문부성소할목록』은 명치 원년(1868)에 동경에 대학을 설립하여 서양의 교육제도를 시행한 이래, 명치 4년(1872) 7월에 문부성을 설치하면서 이전에는 대학에서 관장하던 전국 교육기관의 교육, 위생, 사무 등을 문부성이 모두 관할하게 되었다는 문부성에 관한 내용을 시작으로, 대학, 대학예비문, 대학의학부, 사범학교, 여자사범학교, 외국어학교, 체조전습소, 도서관, 교육박물관, 학사회원 등 명치 원년 이전부터 시행되었던 여러 교육 제도와 명치 13년(1880) 12월에 개정·반포한 교육령에 이르기까지, 내용을 자세하게 정돈하고 있다. 따라서 일본의 전근대 및 근대 교육제도의 구체적 면모를 살펴볼 수 있다. 나아가 조선을 식민 지배할 당시, 초기 식민교육의 양상까지도 감지할 수 있다.

명치유신의 과정에서, 문부성이 근대국가 일본의 면모를 갖출 수 있도록 교육개혁의 선봉이었다는 점, 또 다른 측면에서는 문부성이 추진한 일본 교육이 동아시아 근대교육 개혁의 성공적 사례라는 점에서, 그리고 일제강점기를 거치면서 대한민국 교육에 영향을 미쳤을 수 있다는 점에서, 『문부성소할목록』은 교육개혁 초기 단계의 한 모델로서 사료적 가치가 상당하다고 판단한다.

대학의 교육과정만 보더라도, 예비과정에서 대학 4년 졸업에 이르기까지, 매우 체계적이어서 정말 의미심장하다. 전공과목에 대한 세밀한 지침은 물론 국어[일본어] 교육에 대한 기본 방침이 그러했고, 교육의 전 과정에서 영어, 프랑스어, 독일어, 한문[중국어], 조선어 등 외국어를 강조하며 교육을 기획·설계한 자세가 그러했다. 이렇게 국가의 부강을 꿈꾸며 고민했던 근대 일본 지성인들의 치열한 자세와 조사시찰단의 시찰기 보고서는 나에게 매우 깊은 인상을 남겼다.

2017. 10
안암동 연구실에서
신창호

차례

文部省

沿革

日主四年、辛、創置本省、日主初元、以東京舊
校、備外國人、爲敎師、大行洋法、又以東京舊
校、翌年改昌平校、稱大學校、尋改大學校、稱
稱南校、醫學校稱東校、至是年七月、廢大學
總制敎育事務、管掌大中小學校、先是大學
學東南校及大坂開成所、理學所、醫學校、長
學校、所管理、止於海外留學生徒、未及全國
省、總管全國敎育衛生事務、於是大革舊大
以來、職制之廢置不一、歲費之增減無常、事
慶易學所敎令頒年改定、凡所沿革不可殫

연혁

일본 주군 4년[신미]¹⁾에 본 문부성을 처음으로 설치했다.²⁾

일본 주군 원년³⁾에 동경의 옛날 개성소⁴⁾를 학교로 삼고 외국인을 고용하여 교사로 삼아 서양의 교육법을 크게 시행했다. 또 동경의 옛날 창평교를 학교로 삼았다가, 이듬해 창평교를 고쳐서 대학교라고 불렀다. 나중에 대학교를 고쳐 대학이라 부르면서 개성교를 남교라 하고, 의학교를 동교라고 했다.

이해 7월에 대학을 없애고 문부성을 설치하여 교육 사무를 총괄적으로 정비하고 대·중·소학교를 관장했다. 이전에 대학이 관장하던 것은 대학·동교·남교 및 대판⁵⁾의 개성소·이학소·의학교와 장기⁶⁾의 광운⁷⁾관·의학교에 그쳤고, 관리 대상이 해외 유학생에 불과하여 전국의 학교교육 행정에 미치지 못했다. 그러나 본 문부성을 설치하면서부터 전국의 교육과 위생, 사무를 모두 관리하게 되었다.

이에 옛날 대학 모습이 크게 개혁되었다. 이때부터 직제 폐지와 설

---

1) 일본 주군 4년: 메이지(明治) 4년인 1871년을 말한다.

2) 문부성: 메이지 4년 7월 18일(양력으로는 1871년 9월 2일)에 도쿄간다(東京神田)의 유시마세도(湯島聖堂) 내에 학술 및 교육을 담당하는 관청으로 문부성을 설립하고, 초대 문부경(文部卿)으로 오오키다카토우(大木喬任)를 임명하여 근대적 학제와 사범학교의 도입 등 근대적 교육 개혁을 실시했다.

3) 주군 원년: 메이지(明治) 1년인 1868년이다.

4) 개성소: 가이세쇼(開成所)는 분큐(文久) 3년(1863)에 에도바쿠(江戸幕府)가 설치한 네덜란드·영국·프랑스·독일·러시아 등에 관한 서양학문 교육 및 연구기관이다. 1863년 분큐(文久) 3년에 요쇼시라베쇼(洋書調所)를 개칭한 것이다. 1868년(明治 1) 신정부에 의해 가이세가코(開成学校)로 재편되어 1869년에 다이가쿠미나미코(大学南校)로, 1871년에는 미나미코(南校)로 개칭했고, 1873년에 다시 가이세가코(開成学校로 개칭했다. 1877년에 도쿄다이가쿠(東京大学)의 일부가 되었다.

5) 대판: 오사카(大坂)이다.

6) 장기: 나가사키(長崎)이다.

7) 광운: 고오웅(廣運)이다.

치가 동일하지 않고, 한해 경비의 증감에 일정함이 없었으며, 여러 가지 사무규정이 수시로 바뀌고, 학교에서 교육하는 규칙이 매년 개정되었다.

여기에서 연혁을 모두 기술할 수는 없지만, 오늘날[명치유신 당시]에 시행되는 대강의 내용을 들어 아래에 나열하여 기록한다.

직제

학교의 관직[조직]은 옛날에 두취[8] 및 지학사·정권판사·득업생[9]·사자생[10]·요장[11]의 관리가 있었다. 명치 4년(1871)에 이르러 비로소 대·중·소 박사, 대·중·소 교수, 정권 대·중·소 조교 등의 교육 관리를 정했는데, 본 문부성을 설치하면서 문부경과 대·소보, 그리고 대승의 관리를 두었고, 나중에 대·소감 및 대·중·소 독학을 두었다가 대·소감을 없애고 다시 대·중·소 시학 및 서기를 두었다. 대·중·소학 교원의 등급 차이 및 학위의 명칭을 개정하여 박사·학사·득업생의 세 등급으로 차이를 두어 학위를 부여했다. 명치 10년(1877)에는 대승을 없애고 그 아래 관리로 대서기관·권대서기관·소서기관·권소서기관을 두었다.

---

8) 두취: 도도리(頭取)는 우두머리를 말하는데, 단체나 조직, 부서에서 가장 윗사람인 기관장이나 부서장, 팀장이다.

9) 득업생: 대학의 각 전문과정의 학생 가운데 선발된 소수의 성적 우수자에게 부여된 신분, 또는 예전에 대학료(大学寮)를 졸업한 사람의 칭호이다.

10) 사자생: 책이나 서류 따위의 글씨를 써 주는 사람이다.

11) 요장: 기숙사 사감을 말하는데, 기숙사의 장으로 기숙하는 학생을 관리 감독하고 지도하는 사람이다.

현재의 관원 편제로 보면, 문부경[12]은 한 사람이다. 문부경의 월급은 금 5백 원이고, 부하 관원을 통솔하고 온갖 사무를 모두 관리하고 주관한다. 부하 관원의 직위 부여와 승진은 주임(奏任) 이상은 문서를 갖추어 보고하고, 판임(判任) 이하는 자율적으로 결단하여 시행한다. 주로 맡아서 시행해야 할 법안은 원로원의 회의장에서 열거하고, 그 손익을 예측하여 의견을 밝힌다.

대보[13]는 한 사람이고 월급이 금 4백 원이며, 문부경의 직무를 보좌한다. 문부경에게 사고가 있으면 그 대리가 된다. 소보[14]는 한 사람이고 월급이 금 3백5십 원이며, 대보에 버금가는 일을 맡는다. 대서기관은 두 사람이고 월급이 각각 금 2백5십 원이며, 권대서기관은 세 사람이고 월급이 각각 금 2백 원이다. 소서기관은 세 사람이고 월급이 각각 금 1백5십 원이며, 권소서기관은 한 사람이고 월급이 금 1백 원인데, 문부경의 명령을 받아 각각 그 주된 사무를 맡는다.

소속 관원은 1등 관리부터 10등 관리에 이르기까지 96인이며, 등급에 따라 정해진 액수가 없고 노무(勞務)에 따라 순차적으로 오른다. 또 어용괘[15]에는 27인이 있는데, 앞에서 언급한 사항처럼 월급이 금 60원에서부터 12원까지 다양하며, 각각 여러 가지 사무에 종사한다.

---

12) 문부경: 교육부장관에 해당한다.

13) 대보: 교육부차관에 해당한다

14) 소보: 교육부차관보에 해당한다.

15) 어용괘: 궁내성(宮內省) 등 천황과 연관되는 관청에서 명령을 받아 업무를 처리하는 직책이다.

사무장정(事務章程)[16][아홉 조항을 덧붙임]

명치 4년(1871)에 동경부의 중·소학교를 본 문부성의 직할로 삼았다. 나중에 학제를 반포할 때 모두 동경부에 편입했다. 동·남 두 학교의 교칙을 개정했다. 이전에 정·변 두 개의 교칙을 두었는데 이때에 변칙[예외조항]을 없앴다. 외국 교사를 각국에서 초빙하여 그 인원을 늘렸고, 준수한 학생을 선발하여 외국에 유학시켰다.[외국 교사가 외국어로 수업하는 것을 정칙으로 삼고, 일본 교사가 외국어와 번역어를 아울러 수업하는 것을 변칙으로 삼았다.]

명치 5년(1872)에 비로소 학교 교육 제도를 전국에 반포했다.

명치 6년(1873)에는 본 문부성의 일지를 폐지하고, 본 문부성의 보고 및 잡지를 만들어 반포했다. 여기에서는 대개 교육·학술 및 외국 신문의 교육 등과 관련된 일을 심의했다.

명치 7년(1874)에는 본 문부성의 사무 조직을 나누어 4과(課) 1국(局)으로 편성했다. 사무 조직에는 각각의 장(長)을 두어 그 책무를 전담하게 했다. 첫째는 학무과로 학교·교사·학생 등과 관련된 사무를 관장했다. 둘째는 회계과로 본 문부성 가운데 재무 및 직할 각 부서의 출납을 관장했다. 셋째는 보고과로 본 문부성 업무의 제반 보고와 잡지의 임시 편집 및 인쇄 발행 등과 관련된 일을 관장했다. 넷째는 준각과로 도서를 허가하여 인쇄 발행하는 일을 관장했다. 다섯째는 의무국으로 위생과 관련된 제반 일을 관장했다.

---

16) 사무장정: 사무를 보기 위해, 작은 조목으로 쪼개 여러 개로 나누어 마련한 규정을 말한다.

명치 8년(1875)에는 박물회, 사무국, 박물관, 서적관, 소석천[17] 식물원을 통합하여 본 문부성에 편입했다.

명치 9년(1876)에는 본 문부성의 대보를 아메리카[미국]에 파견하여 박람회를 관람시켰다.

명치 10년(1877)에는 대학에서 사용하는 교과서를 번역했다.[이에 앞서 대학의 여러 학과에서 외국어를 사용하여 수업했는데, 이때부터 그것을 번역하여 국어[일본어]로 가르쳤다.]

명치 11년(1878)에는 10년(1877) 7월부터 11년(1878) 6월까지 1년 동안 처리한 문서 8,958건을 조사하여 정리했다. 본 문부성의 제 3년보 5,000부를 인쇄했고, 교육 잡지 246,950부를 발행했으며, 본 문부성 잡지 1,800부를 발행했고, 교과 도서 등 29종 36,873부를 펴냈다. 이해 7월부터 12월까지 문서 4,341건을 조사하여 정리했고, 본 문부성의 제 4년보 5,500부를 인쇄했으며, 본 문부성 일지 8,400부를 간행했고, 교육 잡지 105,750부를 발행했으며, 교과 도서 등 11종 22,500부를 펴냈다. 우리나라[일본]의 교육이 지식을 기르는 데 치우치고 체력을 기르는 데 소홀했기 때문에 체조전습소를 설치하고, 외국의 체조 전문교사를 초빙하여 학생을 교육했다.

명치 12년(1879)에는 본 문부성에서 간행한 도서를 번역하여 인쇄하는 것을 금지했다. 왜냐하면 함부로 뜻을 달고 풀이하는 등 내용을 왜곡하여 올바르게 전달하지 못하고 교육에 많은 피해를 주었기 때문이다.

첫째, 관립학교 및 유치원, 서적관, 박물관 등을 없애거나 설치했다.

---

17) 소석천: 고이시카와(小石川)는 도쿄도(東京都) 분쿄쿠(文京区)에 있는 지역이다. 에도(江戸)시대 이후에 식물원·후락원(後楽園)·전통원(伝通院) 등이 남아있다.

둘째, 부하 관리 및 학생을 외국에 파견했다.

셋째, 각 사무국을 폐지하거나 임명한 국장을 면직했다.

넷째, 각 부서의 일처리 규정을 제정했다.

다섯째, 학위의 명칭을 허가했다.

여섯째, 관립학교의 학칙을 제정했다.

일곱째, 주관하는 사무를 널리 전달했다.

여덟째, 외국인을 고용하고, 다시 고용을 해지했다.

아홉째, 새롭게 사무를 창설하고, 또 옛날 규정을 변경했다.

경비

명치 5년(1872) 9월에 본 문부성의 정액금을 1년에 2,000,000원으로 했는데, 명치 6년(1873) 1월에 그것을 줄여서 1,300,000원으로 했다. 명치 8년(1875) 1월에 다시 2,000,000원으로 정했다가, 7월에 또 줄여서 1,700,000만원으로 했다. 명치 9년(1876)에 1,704,800원으로 조정했다가, 명치 10년(1877)에 또 줄여서 1,200,000원으로 했다. 명치 11년(1878)에는 1,140,000원으로 했고, 명치 12년(1879)에는 1,139,970원으로 했다.

명치 13년(1880)에 이르러 세입 세출의 총계 금액이 1,181,100원이었다. 본 문부성에서 258,558원, 동경대학교에 267,703원, 동경의학부에 139,449원, 대판중학교에 59,000원, 동경외국어학교에 48,332원, 동경사범학교에 32,000원, 동경여자사범학교에 22,200원, 동경직공학교에 35,000원, 도서관에 10,000원, 교육박물관에 15,000원, 학사회원에 8,278원, 체조전습소에 15,580원, 부·현[18] 사범학교의 보조에게 70,000원, 부·현 소학교의 보조에게 200,000원을 할당하여 사용하게 했다.

학교지략(學校誌畧)

본 문부성을 설치한 뒤에 대학교를 대학으로 바꿔 불렀다. 동경개성교를 대학남교라고 바꾸어 불렀고, 동경의학교를 대학동교로 바꾸어 불렀다. 때로는 동교나 남교라고 간단하게 부르기도 했다. 또 동교를 바꿔서 '제1대학구 동경의학교'라고도 했고, 남교를 '제1대학구 동경제1번중학'이라고도 했다. 양학소[19]를 '제2번중학'이라 했고, 대판개성소를 '제4대학구 대판제1번중학'이라 했다. 대판의학교를 '제4대학구 대판의학교'라 했고, 장기광운관을 '제6대학구 장기제1번중학'이라 했으며, 장기의학교를 '제6대학구 장기의학교'라 했다. 동경에 독학국을 설치하고 사범학교를 창설했으며, 또 여자학교와 여자사범학교를 설치했다. 나중에는 대판중학을 '개명학교'라고 했고, 장기중학을 '광운학교'라고 했다.

명치 6년(1873)에 전국 8대학구 및 대학본부를 개정했다. 제1대학구

---

18) 부·현: 부·현(府縣)은 지방의 행정 단위, 관공서를 말한다. 부는 오사카후(大阪府)·쿄토후(京都府) 등과 같이 규모가 크고, 현은 옛날부터 사용해온 지방 행정구역이나 관공서로 규모가 작다. 아이치(愛知)·히로시마(広島)와 같은 것이 그에 속한다.

19) 양학소: 서양의 학문을 교육하던 기관을 말한다.

는 동경부를 대학본부로 삼고, 제2대학구는 애지[20]현을 대학본부로 삼고, 제3대학구는 대판부를 대학본부로 삼고, 제4대학구는 광도[21]현을 대학본부로 삼고, 제5대학구는 장기현을 대학본부로 삼고, 제6대학구는 신석[22]현을 대학본부로 삼고, 제7대학구는 궁성[23]현을 대학본부로 삼았다. 당시 동경에 있는 학교는 대학의 법·이·문의 세 학부, 대학예비문, 대학의학부, 사범학교, 부속소학교, 여자사범학교, 부속유치원, 외국어학교, 체조전습소이다.

교육령[명치 13년(1880) 12월, 개정하여 반포함.]

1. 문부경은 전국의 교육 사무·학교·유치원·서적관을 모두 혼자서 맡아 다스리며, 공립·사립을 가리지 않고 모두 문부경이 감독한다.

1. 학교는 소학교·중학교·대학교·사범학교·농학교·상업학교·직공학교와 나머지 여러 학교로 구성한다.

1. 소학교는 보통 교육을 아동에게 수업하는 장소가 되며, 그 학과목은 수신·독서·습자·산술·지리·역사 등의 초보적 수준이다. 토지의 정황[수용 능력]을 헤아려서 괘획·창가·체조와 물리·생리·박물 등의 대의를 더한다. 여자는 재봉 한 과목을 더 개설하고, 부득이한 경우에는

---

20) 애지: 아이치(愛知)는 일본의 중부 지방, 태평양 연안의 서부에 위치한 현이다.

21) 광도: 히로시마(広島)는 일본의 중부 지방, 뇌호내해(瀬戸内海)와 마주한 현이다.

22) 신석: 니카다(新潟)는 일본의 중부 지방, 동북부의 일본해와 마주한 현이다.

23) 궁성: 미야기(宮城)는 일본 동북 지방의 동부에 있는 현이다.

수신·독서·습자·산술·지리·역사 가운데 지리와 역사를 뺄 수 있다.

1. 중학교는 고등이나 보통의 학과목을 수업하는 장소가 된다.

1. 대학교는 법학·이학·의학·문학 등과 전문적인 여러 학과목을 수업하는 장소가 된다.

1. 사범학교는 교원을 양성하는 장소가 된다.

1. 전문학교는 전문적인 한 과목을 수업하는 장소가 된다.

1. 농학교는 농경의 학업을 수업하는 장소가 된다. 상업학교는 장사의 학업을 수업하는 장소가 된다. 직공학교는 온갖 장인의 직업을 수업하는 장소가 된다.

이상에서 게시한 것을 기준으로, 모든 사람은 어떤 학교든지 따지지 않고 설치할 수 있다.

1. 각각의 정·촌[24]에서는 부지사와 현령의 지시에 따라 독립적이거나 연합하여 설치하거나 교육 학령의 아동들을 충족시키는 소학교를 반드시 건립해야 한다.[단, 사립소학교는 소학교를 대신할 수 있는데, 부지사와 현령의 인가를 거치되 특별하게 설치할 필요는 없다.]

1. 각각의 정·촌에서 설치하는 소학교는 구역을 독립적으로 나누거나 연합하여 학무위원을 두고 학무를 맡아 다스리게 하며, 학무위원은 호장(戶長)이 그 인원을 추가한다.[단, 인원의 많고 적음과 급료의 있고 없음 및 경비 금액은 구나 정·촌에서 회의하여 결정하며 부지사와 현령의 인가를 거친다.]

1. 학문위원은 정·촌의 인민이 정원의 두 배나 세 배 정도 천거하고, 부지사와 현령이 나아가서 선임한다.[단, 천거의 규칙은 부지사와 현령

---

24) 정·촌: 쵸손(町村)은 도시와 시골이라는 뜻이지만 지방 공공단체인 쵸(町)와 손(村)을 가리킨다.

이 초안을 잡아서 문부경의 인가를 거친다.]

  1. 학무위원은 부지사나 현령의 감독을 받으며, 아동의 취학 및 학교의 설치와 보호를 관장한다.

  1. 아동은 6세로부터 14세에 이르기까지 8년간에 속할 경우, 취학 연령이 된다.

  1. 취학 연령의 아동을 학교에 들어가게 할 때 부모나 후견인이 책임을 진다.

  1. 부모나 후견인에게 취학 연령의 아동이 있으면, 소학과의 3년 과정을 마치지 아니한 아동은 부득이한 경우가 아니면 매년 16주 미만으로 학교에 나가서는 안 된다. 또 취학 연령의 아동이 소학과의 3년 과정을 마친 아동이라 하더라도 상당한 이유가 있지 아니하면 학교에 나가는 날짜[수업 일수]를 채워야 한다.[단, 취학을 독책하는 규칙은 부지사나 현령이 기초하고 문부경의 인가를 거친다.]

  1. 소학교의 학기는 3개년 이상, 8개년 이하로 하며, 수업 일수는 1년에 32주 이상으로 한다.[다만 수업시간은 1일 3시간 이상 6시간 이하로 한다.]

  1. 학교에 입학하지 아니한 취학 연령의 아동이 순회 수업 방법에 의거하지 않고 별도로 보통 교육을 받으려면 군장(郡長)이나 구장(區長)의 인가를 거쳐야 한다.[단, 군장이나 구장은 정·촌의 학교에서 아동이 학업에 임할 수 있도록 요구해야 한다.]

  1. 정·촌에 소학교를 설치한 이유는 순회 수업 방법을 개설하여 보통의 학과목을 아동에게 수업하려는 것이며, 이는 부지사나 현령이 인가한다.

1. 학교는 공립과 사립이 있는데, 지방세 또는 정·촌의 공적 자금으로 설립한다면 공립학교가 되며, 한 사람 또는 몇 사람의 사적 경비로 설립한다면 사립학교가 된다.

1. 공립학교와 유치원, 서적관 등의 폐지나 설립은 부·현에서는 문부경의 인가를 거치며, 정·촌에서는 부지사나 현령의 인가를 거친다.

1. 사립학교나 유치원, 서적관 등의 설치는 부지사나 현령의 인가를 거치며, 폐지 또한 부지사나 현령에게 보고한다.[단, 사립학교는 공립학교를 대신하는 것이며, 폐지는 부지사나 현령의 인가를 거친다.

1. 정·촌에 설립한 사립학교나 유치원, 서적관 등을 폐지하는 규칙은 부지사나 현령이 기초하고 문부경의 인가를 거친다.

1. 소학교의 교칙은 문부경이 반포한 대강에 기초하되, 부지사나 현령이 토지의 정황을 헤아려 편제하며, 문부경의 인가를 거쳐 관내에 시행한다.[단, 부지사나 현령이 시행한 교칙에서 표준으로 삼아 따르기 어려운 것이 있으면, 내용을 헤아려서 수정·보완하며, 의견을 개진하고 문부경의 인가를 거친다.]

1. 공립학교의 비용은, 부·현 회의의 결정에 달려있는 것은 지방세에서 부담하며, 정·촌 인민의 협의에 달려있는 것은 정·촌의 비용에서 부담한다.

1. 정·촌의 비용으로 설치하고 보호하는 학교에서, 지방세를 재원으로 보조할 것을 요구하면 부·현의 회의를 거쳐서 시행할 수 있다.

1. 공립학교의 부지는 세금을 면제한다.

1. 학교와 관계된 일에 제공되는 기부금은 기부인이 지정한 목적 이외에 지출하거나 소비할 수 없다.

1. 각 부·현에서는 사범학교를 설립하여 소학 교원을 양성한다.

1. 공립 사범학교를 졸업하려는 학생은 소정의 시험을 마쳐야 졸업 증서를 수여한다.

1. 공립 사범학교에서 본교에 입학하지 못한 학생일지라도 졸업증서를 청구하면 그 학업에 관한 내용을 시험하여 합격한 자에게 졸업증서를 수여한다.

1. 교원은 남자·여자를 가리지 않으며, 연령은 18세 이상으로 한다.[단, 품행이 바르지 못한 자는 교원이 될 수 없다.]

1. 소학교 교원은 반드시 관립이나 공립 사범학교 졸업증서를 지닌 자로 한다.[단, 사범학교 졸업증서를 지니지 못한 자라도 부지사나 현령에게서 교원 면허증을 수여받은 자는 그 부나 현에서 교원이 될 수 있다.]

1. 문부경은 수시로 관리를 파견하여 부나 현에서 진행된 학사의 실제 상황을 순시한다.

1. 공립이나 사립학교를 가리지 않고 문부경이 보낸 관리의 감독을 거부할 수 없다.

1. 부지사나 현령은 매년 관내 학사의 실제 상황을 기재하여 문부경에게 보고한다.

1. 학교에서는 남자와 여자가 교장을 같이 할 수 없다.[단, 소학교는 남자와 여자가 교장을 같이 해도 무방하다.]

1. 학교는 수업료의 수납 여부를 적절하게 처리한다.

1. 학령 아동 가운데 종두 또는 천연두를 겪지 않는 자는 학교에 입학할 수 없다.

1. 전염병에 걸린 자는 학교 안에 출입할 수 없다.

1. 학교에서는 학생을 체벌해서는 안 된다.[구타나 포박 행위와 같은 것].

1. 시험을 보는 학생은 그 부모나 후견인이 와서 참관할 수 있다.

1. 정·촌에서 설립한 학교의 교원은 학무위원을 통해 처리하고 부지사나 현령에게 보고하며, 그 임명 절차를 면제한다.

1. 정·촌에서 설립한 소학교 교원의 봉급은 부지사나 현령이 제정하고 문부경의 인가를 거친다.

1. 각각의 부나 현에서는 토지의 정황을 헤아려서 중학교를 설치할 수 있으며, 아울러 전문학교나 농학교나 상업학교나 직업학교 등을 설립할 수 있다.

대학:법학·이학·문학 3학부

大學法理文三學部

記畧

德川七代将軍家宣、始倡西法、使人就和蘭
醫術曆筭諸學術漸衍於世、家宣子吉宗、設
戸、製簡天儀掌曆筭推炎、始置翻譯局、擢和
蘭書稱番書和解方、後改翻譯局、稱翻書調
許慕府士人、及諸藩士、八學並講英佛獨魯
物産學、數學、三科稱本校爲洋書調所、旋改
所日主元年、再興開成所新撰敎則、二年改
講習所、備米人爲英佛、獨語學敎師改校々
改化學所、爲理學所、今諸藩舉俊秀十六歲
以下八本校、稱貢進生、又選抜生徒、使留學

기략

덕천[25]의 7대 장군 가선[26]이 처음으로 서양의 교육제도를 도입했다 그는 일본 사람들에게 화란인[27]에게 가서 언어·의술·역산 등을 배우게 했는데, 이후 서구의 여러 학술이 점차 세상[일본 사회]에 시행되었다. 가선의 아들 길종[28]이 강호 [29]에 천문대를 설치하고, 간천의를 제작하여 역산의 추보[30]를 관장했다. 이때 처음으로 번역국을 설치하고 네덜란드 학자를 발탁하여 네덜란드의 책을 번역했는데, 이를 번서화해방[31]이라고 불렀다. 나중에는 번서화해방을 번역국으로 바꿔 번역조소라고 불렀다. 개교식을 거행하여 막부시대의 학자나 여러 외국의 학자에 대해 입학을 허가했으며, 영국·프랑스·독일·러시아의 책으로 강의했다. 뒤에 화학·물산학·수학의 세 학과를 개설하고 본교를 양서조소라고 했다가 다시 학교 이름을 바꿔서 개성소라고 불렀다.

---

25) 덕천: 도쿠가와(德川)는 에도막부(江戸幕府)의 쇼군(將軍) 가문이다. 도쿠가와 이에야스(德川家康)가 에도막부의 제1대 쇼군(1543~1616)이다. 이에야스는 원래 도요토미 히데요시의 수하에 있었으나 그가 죽은 뒤 도요토미의 일족을 멸망시키고 전국을 제패하여 에도막부를 세웠다.

26) 가선: 도쿠가와 이에노부(德川家宣)는 도쿠가와 제6대 쇼군(1709~1712)이다. 갑부번주(甲府藩主) 덕천강중(德川綱重)의 장남이다.

27) 화란: 오란다(和蘭)은 네덜란드를 말한다. 일본이 처음에 네덜란드의 학문을 받아들였기 때문에 이를 화란학(和蘭學)이라고도 한다.

28) 길종: 도쿠가와 요시무네(德川吉宗)는 도쿠가와 제8대 쇼군(1716~1745)으로, 기주(紀州) 2대 번주(藩主)인 덕천광정(德川光貞)의 4남이다.

29) 에도: 에도(江戸)는 동경의 옛 이름인데, 1868년에 도쿄(東京)로 개칭되었다. 흔히 말하는 에도시대(江戸時代)는 도쿠가와 이에야스가 에도에 막부를 열어 통치하기 시작하여 도쿠가와 요시노부(德川慶喜)가 천황에게 정권을 돌려주기까지 약 260여년(1603~1867)를 말한다. 이후 메이지 유신 시대가 된다.

30) 추보: 추보(推步)는 옛날에 천체의 운행을 관측하여 역(曆)을 만들던 일이다.

31) 번서화해: 반쇼(蕃書)는 서양의 서적이나 문서, 특히 네덜란드 서적을 일컫는다. 화해(和解)는 외국어를 일본어로 해석하는 것을 말한다.

일본 주군 원년(명치 1년, 1868)에 개성소를 부흥시켜 새롭게 교칙을 만들었고, 명치 2년(1869)에 학교를 열고 다시 강습소를 설치했다. 미국 사람을 고용하여 영어·프랑스어·독일어 어학 교사로 삼았으며, 학교 이름을 바꿔 대학남교라고 부르고 화학소도 이학소로 이름을 바꿨다. 외국인 가운데 16세 이상 20세 이하의 준수한 인재를 추천하여 본교에 입학하게 했는데, 이들을 공진생이라 불렀다. 또한 일본 학생을 선발하여 영국으로 유학을 보냈고, 박람회도 개최했다.

명치 4년(1871) 7월에 태학을 폐지하고 문부성을 두었다. 본교를 고쳐서 남교라고 부르다가 8월에 또 제1대학구 제1번중학이라고 개칭했다.

명치 6년(1873)에는 학교 이름을 바꿔서 개성학교라고 부르고, 법학·이학·공학·제예·광산학 등 5개 학과를 개설했다. 법학·이학·공학 3개 학과는 영어로 교육하고, 제예학과는 프랑스어로 교육하며, 광산학과는 독일어로 교육했다.

명치 7년(1874)에는 학교 내의 한 교실을 나누어 서적열람실로 만들고, 학생들에게 수업 이외에 남는 시간에 네덜란드·중국·서양의 서적을 번역하거나 열람하게 했다. 법학·화학·공학 3개 학과 외에 다시 예과를 설치했다.

명치 10년(1877)에는 강의실에서 개강식을 거행했다. 4월에 문부성에서 본교 및 동경의학교를 동경대학이라 부르고, 법학·이학·의학·문학의 4개 학부로 나누면서, 법학·이학·문학의 3개 학부는 본교에 두었다. 동경영어학교는 동경대학의 예비문이 되었다.

명치 11년(1878) 5월에는 법학과와 토목공학과에 명하여 졸업생 각각 한 명씩을 영국에 유학하게 하고, 물리학과 졸업생 한 명은 프랑스에 유학하게 했다. 9월에는 학기제 및 취업 규칙을 바꾸어 본래 규칙을 준수할 겨를이 없게 되었다. 이에 각 학과를 이수한 자에게 시켜 학과마다 하나의 규칙을 만들게 했다.

편제 및 교지

1. 동경대학은 법학부·이학부·문학부·의학부를 종합했다. 법학부에는 법학과 하나를 설치하고, 이학부에는 화학과, 수학·물리학·성학과, 생물학과, 공학과, 지질학과, 채광·야금학과의 6개 학과를 설치하며, 문학부에는 철학·정치학·이재학과와 화한학과 2개 학과를 설치했다. 각 학과에서 전공과목 하나를 집중적으로 교육하는 것을 요지로 삼았다.

1. 동경대학예비문은 동경대학에 소속되어 있으면서 법학·문학부가 관장한다. 학생 가운데 본 학부에 입학한 자는 먼저 예비문을 거치면서 보통 학과를 수학한다.

학과과정

1. 법학·이학·문학부의 여러 학과 과정은 4학년으로 하고, 학생의 수준도 4등급으로 한다.

1. 법학부 학생은 모두 동일한 학과에서 수학하며, 이학부에는 6개 학과를 설치하고, 문학부는 2개 학과를 설치하는데, 이학부·문학부 두

학과의 학생은 자신의 취향에 따라 전공과목 하나를 수학한다.

1. 각 학부는 일본어로 학생의 교육에 임할 것을 기대한다. 그러나 당시 상황에 맞추어 영어를 배우고, 프랑스와 독일 두 나라 언어 가운데 하나를 선택하여 배운다. 법학부 학생의 경우, 이와 더불어 반드시 프랑스어를 배워야 한다.

1. 각 학부의 과목은 아래와 같다.

법학부

1. 본 학부는 우리나라[일본]의 법률을 교육하는 것을 본지로 하며, 영국과 프랑스 등의 법률에 대해 그 대강을 수업한다.

제1학년: 영문학 및 작문, 1년간[매주 4시간]; 윤리학, 반년간[매주 2시간]; 심리학대의, 반년간[매주 2시간]; 사학[불국사, 영국사], 1년간[매주 3시간]; 화문학,[32] 1년간[매주 2시간]; 한문학 및 작문, 1년간[매주 4시간]; 프랑스어, 1년간[매주 3시간]

제2학년: 일본고대법률, 1년간[매주 2시간]; 일본현대법률, 1년간[매주 2시간]; 영국법률[서론,형법,결약법,부동산법,사법법], 1년간[매주 6시간]; 영국국헌, 1학기[매주 3시간]; 프랑스어, 1년간[매주 3시간]

제3학년: 일본고대법률[대보령], 1년간[매주 1시간]; 일본현행법률[치죄법,소송연습], 1년간[매주 2시간]; 영국법률[결약법,형평법,소송

---

32) 화문: 와붕(和文)은 일본어로 쓰인 문장을 말하는데, 헤이안(平安)시대 가나붕(仮名文) 계통에 속하는 것으로 특히 가나(仮名)로 된 문장을 가리킨다.

법,증거법,해운법,가족법,소송연습], 1년간[매주 9시간]; 프랑스법률요령[형법], 1년간[매주 3시간]

제4학년: 일본고대법률[대보령], 1년간[매주 1시간]; 일본현행법률[치죄법,소송연습], 1년간[매주 2시간]; 영국법률[해상보험법, 소송연습], 1년간[매주 2시간]; 국제교제법[공법, 사법], 1년간[매주 3시간]; 법론, 1년간[매주 3시간]; 프랑스법률요령[민법], 1년간[매주 3시간]; 졸업논문

이학부

1. 본 학부에는 6개 학과를 설치했는데, 화학과, 수학·물리학·성학과, 생물학과, 공학과, 지질학과, 채광학·야금학과이다.

1. 제1학년 과정은 각 학과가 동일하고, 이후 3년은 본인이 선택한 전공에 따라 한 학과에서만 수학한다.

1. 각 학과 제3학년 및 제4학년의 교원은 학생을 위해 한문 강의를 개설하고, 학생의 뜻에 따라 강의를 듣게 한다.

모든 학과[공통]

제1학년: 수학[대수, 기하], 1년간[매주 4시간]; 중학대의, 2학기[매주 2시간]; 성학대의, 1학기[매주 3시간]; 화학(化學)[무기, 실험], 1년간[매주 4시간]; 금석학대의, 반년간[매주 2시간]; 지질학대의, 반년간[매주 3시간]; 화학(畵學), 1년간[매주 2시간]; 논리학, 반년간[매주 2시간]; 심리학대의, 반년간[매주 2시]; 영국어, 1년간[매주 4시간]

화학과

제2학년: 분석화학[검질, 분석], 1년간[매주 12시간]; 유기화학, 1년간 [매년 2시간]; 물리학, 1년간[매주 4시간]; 금석학, 1년간[매주 2시간]; 영국어, 1년간[매주 2시간]; 프랑스어나 독일어, 1년간[매주 2시간]

제3학년: 분석화학[정량분석], 1년간[매주 2시간]; 제조화학, 1년간 [매주 3시간]; 야금학, 1년간[매주 4시간]; 물리학, 1년간[매주 3시간]; 프랑스어나 독일어, 1년간[매주 2시간]

제4학년, 분석화학[정량분석,시금], 1년간[매주 12시간]; 제조화학, 1년간[매주 3시간]; 졸업논문

수학·물리학·성학과

1. 본 학과는 수학·물리학·성학의 세 학문을 교육한다. 각 학년마다 교과목이 같지 않고 제2학년이나 제3학년에 이르러 학생이 하려는 전공에 따라 오직 하나의 학문을 수학한다.

제2학년: 순정수학, 1년간[매주 8시간]; 물리학, 1년간[매주 6시간]; 성학, 1년간[매주 6시간]; 중학, 1년간[매주 4시간]; 분석화학[물], 1년간 [매주 3시간]; 영어, 1년간[매주 2시간]; 프랑스어나 독일어, 1년간[매주 2시간]

제3학년: 순정수학[수량], 1년간[매주 3시간]; 응용수학, 1년간[매주 4시간]; 물리학, 1년간[매주 6시간]; 분석화학[물], 1년간[매주 4시간]; 성학 [수, 성(星)], 1년간[매주 6시간]; 프랑스어나 독일어, 1년간[매주 2시간]

제4학년: 순정수학[수, 성(星)], 1년간[매주 5시간]; 응용수학, 1년간 [매주 5시간]; 물리학, 1년간[매주 8시간]; 성학[수, 성(星)], 1년간[매주

6시간]; 졸업논문

생물학과

1. 본 학과의 제4학년 학생은 마지막 1년간 본인의 선택에 따라 동물학이나 식물학 가운데 한 과목을 선택하여 집중 수학한다.

제2학년: 동물학, 1년간[매주 8시간]; 식물학, 1년간[매주 8시간]; 생리화학, 반년간[매주 2시간]; 영어, 1년간[매주 2시간]; 프랑스어나 독일어, 1년간[매주 2시간]

제3학년: 동물학, 1년간[매주 10시간]; 식물학, 1년간[매주 10시간]; 고생물학, 1년간[매주 2시간]; 프랑스어나 독일어, 1년간[매주 2시간]

제4학년: 동물학, 1년간[매주 36시간]; 식물학, 1년간[매주 20시간]; 졸업논문

공학과

1. 본 학과의 제4학년 학생은 마지막 1년간 본인의 선택에 따라 기계공학이나 토목공학 가운데 한 과목을 선택하여 집중 수학한다.

제2학년: 수학, 1년간[매주 5시간]; 중학, 1년간[매주 4시간]; 물질강약론, 1년간[매주 2시간]; 육지측량[강의,야외 및 관내실험], 1년간[매주 4시간]; 물리학, 1년간[매주 4시간]; 기계도, 1년간[매주 4시간]; 영어, 1년간[매주 2시간]; 프랑스어나 독일어, 1년간[매주 2시간]

제3학년: 열동학 및 증기기관학, 1년간[매주 2시간]; 결구강약론, 1년간[매주 2시간]; 기계학, 1년간[매주 2시간]; 도로 및 철도측량 및 구조, 1년간[매주 6시간]; 물리학, 1년간[매주 6시간]; 기계도, 1년간[매주 4시

간]; 프랑스어나 독일어, 1년간[매주 2시간]

제4학년: 기계공학, 기계계획제도실험, 재료시험, 기계장실험, 졸업논문, 토목공학, 1년간[매주 12시간]; 교량구조, 측지술[강의, 야외 및 관내실험], 해상측량, 치수공학, 조영학, 2학기.[매주 2시간]; 응용지질학, 1년간[매주 1시간]; 졸업논문

지질학과

제2학년: 지질연혁론, 1년간[매주 2시간]; 금석학, 1년간[매주 2시간]; 금석식별, 1년간[매주 1시간]; 검질분석, 1년간[매주 5시간]; 취관검질분석, 1년간[매주 2시간]; 채광학, 1년간[매주 3시간]; 육지측량 및 지지도, 1년간[매주 4시간]; 동물학, 1년간[매주 2시간]; 식물학, 1년간[매주 2시간]; 지질순검, 영어, 1년간[매주 2시간]; 프랑스어나 독일어, 1년간[매주 2시간]

제3학년: 고생물학, 1년간[매주 2시간]; 식별실험암석, 1년간[매주 1시간]; 식별실험화석, 1년간[매주 2시간]; 측량지질 및 변동지질학, 1년간[매주 2시간]; 석질학, 1년간[매주 1시간]; 정량분석, 1시간[매주 10시간]; 순검지질, 프랑스어나 독일어, 1년간[매주 2시간]

제4학년: 식별실험암석, 1년간[매주 2시간]; 식별실험화학, 1년간[매주 3시간]; 현미경을 사용한 사찰암석 및 금석[강의 및 실험], 1년간[매주 3시간]; 측량지질 및 표면지질학, 1년간[매주 3시간]; 응용지질학, 1년간[매주 1시간]; 순검지질; 졸업논문

채광·야금학과

제2학년: 채광학, 1년간[매주 3시간]; 금석학, 1년간[매주 2시간]; 석질학, 1년간[매주 1시간]; 측량육지, 1년간[매주 4시간]; 응용중학, 1년간[매주 4시간]; 식별금석, 1년간[매주 1시간]; 검질분석, 1년간[매주 8시간]; 기계도, 1년간[매주 2시간]; 영어, 1년간[매주 2시간]; 프랑스어나 독일어, 1년간[매주 2시간]

제3학년: 야금학, 1년간[매주 4시간]; 취관검질분석, 1년간[매주 3시간]; 도태광광법, 1년간[매주 2시간]; 정량분석, 1년간[매주 10시간]; 기계도, 1년간[매주 2시간]; 지질연혁론, 1년간[매주 2시간]; 광산조업실험, 프랑스어나 독일어, 1년간[매주 2시간]

제4학년: 시금, 1년간[매주 5시간]; 지중측량, 1학기[매주 1시간]; 정량취관분석, 1년간[매주 3시간]; 광업계량, 1년간[매주 4시간]; 도태광광법 및 야금학시험, 1년간[매주 4시간]; 응용지질학, 1년간[매주 1시간]; 조영학, 2학기[매주 3시간]; 측량실험지중; 순시광산; 졸업논문

문학부

1. 본 학부는 2개 학과를 설치했는데, 철학·정치학·이재학과와 화한문학[33]과이다.

1. 제1학과와 제2학과의 경우에는 제1년 과정에 이미 다른 것이 있으므로 제1년 초에 학생에게 전공으로 수학할 수 있는 1학과를 골라 정하

---

33) 화한문학: 와깡(和漢)에서 와(和)는 일본, 깡(漢)은 중국을 의미한다. 학문으로 보면, 일본어와 일본문학 등을 포함하는 일본학과 한자와 한문을 포함하는 한문학[중국학]이다. 보다 포괄적으로 보면 일본학과 중국학을 중심으로 하는 동양학으로 이해할 수 있다.

게 한다.

1. 제1학과의 경우에는 제2·제3의 2년간의 과정에 기재된 여러 학과를 모두 이수하게 하고, 제4년에 이르러 철학·정치학·이재학 가운데에서 한 과목을 골라 오로지 수학하게 하며, 또 그 나머지 두 과목 및 사학 가운데에서 한 과목을 골라 아울러 수학하게 한다.

1. 제1학과 제4년의 영문학 및 한문학의 경우에는 학생의 수학 여부가 그 뜻에 맡겨있다 하더라도 한문은 반드시 짓게 한다.

1. 제2학과의 경우에는 3년간 오로지 화한의 고금(古今) 문학을 수학하는 것을 본지로 삼고, 또 3년간 아울러 영문학이나 사학이나 철학을 배우게 한다.

1. 별도로 프랑스 책을 강의하는 한 과목을 두어 문학부 학생에게 자기 뜻에 따라 강의를 듣게 한다.

제1년: 화문학, 1년간[매주 2시간]; 한문학 및 작문, 1년간[매주 4시나]; 사학[불사, 영사], 1년간[매주 3시간]; 영문학 및 작문, 1년간[매주 4시간]; 논리학, 반년간[매주 2시간]; 심리학대의, 반년간[매주 2시간]; 프랑스어나 독일어[독, 제1과를 이수한 자의 과정], 1년간[매주 3시간]

철학·정치학·이재학과

제2학년: 철학[철학사, 심리학], 1년간[매주 4시간]; 사학[영국헌사], 1년간[매주 3시간]; 화문학, 1년간[매주 2시간]; 한문학 및 작문, 1년간[매주 4시간]; 영문학[문학사, 작문 및 비평], 1년간[매주 3시간]; 프랑스어나 독일어, 1년간[매주 3시간]

제3학년: 철학[도의학], 1년간[매주 3시간]; 정치학, 1년간[매주 3시

간]; 이재학, 1년간[매주 3시간]; 사학[희랍사, 로마사], 1년간[매주 3시
간]; 화문학, 1년간[매주 2시간]; 한문학 및 작문, 1년간[매주 4시간]; 영
문학[작문 및 비평], 1년간[매주 3시간]

제4학년: 철학, 1년간[매주 5시간]; 정치학 및 국제교제공법, 1년간
[매주 4시간]; 이재학, 1년간[매주 3시간]; 사학, 1년간[매주 3시간]; 한
문학 및 작문, 1년간[매주 3시간]; 영문학[비평 및 석해], 1년간[매주 3
시간]; 졸업논문

화한문학과

제2학년: 화문학 및 작문, 1년간[매주 5시간]; 한문학 및 작문, 1년간
[매주 9시간]; 영문학이나 사학이나 철학, 1년간[매주 3시간]

제3학년: 화문학 및 작문, 1년간[매주 5시간]; 한문학 및 작문, 1년간
[매주 10시간]; 영문학이나 사학이나 철학, 1년간[매주 3시간]

제4학년: 화문학 및 작문, 1년간[매주 5시간]; 한문학 및 작문, 1년간
[매주 11시간]; 영문학이나 사학이나 철학, 1년간[매주 3시간]; 졸업논
문[화문·한문의 두 문장]

교과세목

일본고대법률

법학·문학 제1학년 과정: 『정영식목』[34]을 강의하여 가르친다. 법학

---

34) 정영식목: 조오에시기모쿠(貞永式目)는 조오에(貞永) 원년에 제정한 것으로 고세이바이(御成敗) 시

제2학년 과정: 『헌법지료』와 『제도통』을 강의하여 가르친다. 제3학년 과정: 『대보령』을 강의하여 가르친다. 제4학년 과정: 『대보령』 및 『법조지요초』를 아울러서 강의하여 가르친다.

학생이 평일에 스스로 읽는 도서는 아래와 같다.[단, 제1학년생이 스스로 읽는 도서는 생략한다.]

제2학년 과정 도서: 『유취삼대격』, 『정사요략』, 『속일본기』

제3학년 과정 도서: 『율소잔편』, 『영집해』, 『직원초』

제4학년 과정 도서: 『건무식목』[35], 『금옥장중초』, 『연희식』[36], 『재판지요초』

일본현행법률

법학 제2학년 과정: 형법을 강의하여 가르친다. 제3학년 과정 및 제4학년 과정: 치죄법의 여가를 강의하여 가르친다. 사법재판소에 나아가서 이미 판결된 소송건의 소송서와 답변서를 작성하게 하며, 또 매주 1회씩 학생에게 임시로 원고·피고·변호인이 되어 법정 소송의 실제를 연습하게 한다.

영국법률

기모쿠(式目)의 다른 이름이다. 조오에는 데이에이(テイエイ)라고도 하는데, 가마쿠라(鎌倉) 중기, 고호리가와(後堀河)·시조덴노(四条天皇) 시기의 연호이다. 강기(寬喜) 4년 4월 2일(1232년 4월 23일)에 개원(改元)했으나 조오에(貞永) 2년 4월 15일(1233년 5월 25일)에 덴부쿠(天福)로 개원했다.

35) 건무식목: 겐무시기모쿠(建武式目)는 건무(建武) 3년(1336) 무라마찌 바쿠(室町幕府)의 초대 쇼군(將軍)인 아시가가바까우시(足利尊氏, 1338~1358)가 막부 정치를 참고하기 위해 자문하고, 이에 나까하라제엔(中原是円)·신에(真惠) 등이 답신한 형식을 취한 법령을 말한다.

36) 연희식: 엔기시키(延喜式)는 고오닌시키(弘仁式)·조오강시키(貞観式)의 뒤를 이어 편수된 율령 실행세칙을 말한다. 엔기(延喜)는 헤이안(平安) 전기의 다이고덴노조(醍醐天皇朝)의 연호이다.

학생에게 적합한 교과서를 선택하고 강의하여 가르친다. 교수 방법은 교수가 먼저 교과목에 담긴 글의 뜻을 강의하여 이해시키고, 가르친 것 가운데 질문을 제기하여 학생에게 답변하게 한다. 학생에게 적합한 교과서가 없으면 강의를 하여 가르쳐 준다.

당시 사용했던 교과서는 아래와 같다. 법률서편: 파랄극사돈[37] 또는 불아무 및 합토래의 저서 『영국법률주석』

헌법: 특리의 저서 『법률원론』; 아마사의 저서 『영국헌법』; 이백이의 저서 『자치론』.

결약법: 서밀사의 저서 『결약법』; 발낙극의 저서 『결약법』; 란극특아의 저서 『결약법』·『적요판결록』

부동산법: 파랄극사돈의 저서 『법률주석』, 유렴의 저서 『부동산법』

형법: 비섭의 저서 『형법주석』

사범법: 불루무의 저서 『법률주석』

매매법: 란극특아의 저서 『매매법』·『적요판결록』

형평법: 백연의 저서 『형평법』; 사내아의 저서 『형평법』

증거법: 사지반의 저서 『증거법』; 백사특의 저서 『증거법』

국제교제사법: 합화아돈의 저서 『만국사법』

국제교제공법: 합이돈의 저서 『만국공법』

---

37) 파랄극사돈(巴辣克思頓): 이하 전공 관련 교과서의 저자는 서구 근대 사회를 형성하는 데 큰 영향을 미친 19세기 이전 혹은 당대에 세계적으로 유명한 각 분야의 전문학자로 생각된다. 명치유신 당시 일본의 대학 사회나 학계에 소개된 학자의 이름과 저서의 명칭, 그리고 전공 용어 등이 본 자료에서는 모두 한문으로 번역되어 있다. 또한 생몰연대나 이름 및 저서명, 전공 용어나 개념 등이 원문으로 전혀 기록되어 있지 않다. 더구나 본 자료는 조사시찰단의 필사본 보고서이기 때문에 이를 정확하게 파악하기 어려운 한계가 있다. 이에 한문으로 번역된 학자와 저서명, 전문 용어 등을 그대로 제시해 두었다. 본 자료의 내용을 개략적으로 이해하는 데는 큰 문제가 없다고 판단되지만, 전공별로 자세하게 분석·검토하여 참고하기 위해서는 정확한 번역이 요청된다. 추후에 관련 분야 권위자들의 많은 질정을 부탁한다.

법론: 호사정의 저서 『법론』; 묵인의 저서 『고대법률』

프랑스법률

프랑스법률은 제3학년에는 형법을 강의하여 가르치고, 제4학년에는 민법을 강의하여 가르치는 것을 학규(學規)로 삼는다. 제4학년과 제3학년생만이 프랑스의 민법 인사편 및 형법을 강의하여 가르친다. 제4학년생은 민법 재산편 이하를 강의하여 가르치며, 동일하게 프랑스 법률서를 교과서로 삼아 그 핵심을 알게 한다.

보통화학

이학부 제1학년 학생에게 여러 가지 물질을 시험하여 교실에서 배운 비금속 및 화합물 등의 제조법 및 성질 등을 숙지하게 하며, 노사과의 저서 『무기화학』을 교과서로 한다.

분석화학

본 학과 제2학년은 학생에게 오직 검질과 분석에 종사하게 한다. 단일한 염류에서 시작하여 점차 혼합물로 나아가 미치고, 알콜류·유기산류·염류 등의 화학적 변화를 연구하는 데서 끝마친다. 여가가 있으면 각종 순수 유기물 표본을 제작하게 한다.

제3학년과 제4학년은 학생에게 오직 무기 및 유기물의 정량과 분석에 종사하게 한다. 두세 가지 합금류에서 시작하여 염류 및 뒤섞인 광물에서 끝마친다. 다만 제3학년 학생은 마지막 학기에 용량 및 중량 분석법으로 두루 실험하여 제조물을 정하게 한다.

제4학년의 전반 학년에 재학하는 학생은 유기물에서 먼 성분의 분석에 종사하게 한다. 즉 탄소·수소·염소·인소·유황 및 질소 등의 성분을 실험하여 정한다. 그리고 유기물에 가까운 성분의 분석에 종사하게 한다. 중량분석법 및 회광분석법으로써 당질을 연구하고 조사하며, 또 곡류를 실험하여 정하니, 쌀 등의 성분과 주류에 미쳐서는 청주·미림주 등의 성분과 물의 분석법을 가르친다.

제4학년의 후반 학년에 재학하는 학생은 자신의 선택에 따라 작성할 졸업논문[학생이 학업을 마칠 때 반드시 문장을 지어야 하는데, 그것을 졸업논문이라 한다.]의 제목에서 실제 시험을 본다. 다만 실제 시험을 위해 교원의 지도와 가르침은 받지 않고, 학우와 함께 강론할 뿐이다. 작문과 같은 것도 학생이 스스로 지어야만 한다.

분석화학에서 사용하는 교과서: 다아보의 저서 『검질분석학』; 허리색니사의 저서 『검질분석학』; 융의 저서 『실험화학』; 다아보의 저서 『정량분석학』; 허리색니사의 저서 『화학분석』; 문극림의 저서 『수질분석법』; 살돈의 저서 『검용정량분석법』

응용화학

본 학과에서는 오직 강의 및 그림으로 가르치고 지도하며, 2년 간을 교육과정의 기한으로 삼는다. 강의의 주제는 아래와 같다.

제1학년: 화학으로 제3학년에 나아간다. 가연물화학, 아아가리공업.

제2학년: 화학으로 제4학년에 나아간다. 함수탄소제조화학, 유기색료화학.

유기화학

가르쳐주는 주제는 아래와 같다. 유기화학을 일명 탄소화합물의 화학적 이유라고 하는 까닭은, 탄소라는 하나의 미세한 분자가 다른 동질의 미세한 분자와 더불어 화학 분해의 힘으로 유기물을 취합하고 생성하기 때문이다. 근기체의 교환 및 원형설, 당적량 및 애증미리지무, 유기분석, 분자정량법, 증기조도법, 유기물 판열 및 유기군속성질, 납특로가아분, 지방물질, 휘발물, 덕아민 및 간복아, 유기염기, 판열을 거치지 않은 물질이며, 증열마이의 저서 『유기학』을 교과서로 삼는다.

순정[38] 및 응용수학

제1학년 수준의 순정수학에서 가르치는 내용은 평면해석기하학인데, 박극아의 저서 『대수기하학』 제1장부터 제11장까지 가르친다. 여가가 있으면 아아지사의 저서 『입체기하학』을 강의하여 가르친다. 또 응용수학에서 제2학기 및 제3학기에 중학대의를 가르치는데, 교과서는 돌토번태아의 저서 『중학초보』로 한다.

제2학년에 강의하는 순정수학 과목은 고등평삼각 및 호삼각술, 입체기하학, 미분적분학, 미분방정식이며, 교과서는 수포내의 저서 『삼각술』, 아아지사의 저서 『입체기하학』, 토번태아의 저서 『미분급적분학』, 포아의 저서 『미분방정식』이다. 또 유렴손의 저서 『가이기자사』와 보뢰사의 저서 『인희니특서마아가이기자사』를 참고서로 제공한다. 또 같은 학년의 응용수학에서는 중학을 가르치는데, 교과서를 정하기는 하

---

38) 순정: 순정(純正)은 응용이나 적용, 또는 경험적 측면보다 순수 이론이나 형식을 중요하게 여기는 학문 태도를 말한다.

지만 대체로 강의로 가르친다.

제3학년에 가르치는 순정수학 과목은 곧 고등대수학 및 가이기자사와 고등해석기하학이며, 사용하는 교과서 및 참고서는 돌토번태아의 저서 『방정식론』, 사이문의 저서 『고등대수』 및 『원추곡선법』·『입체기하학』, 포낙사덕의 저서 『입체기하학』, 돌토번태아의 저서 『적분학 및 가이기자사아포백리애융』 등이 된다.

또 응용수학에서는 제1학년 제1학기에 파아균손의 저서를 가지고 기하광학을 강의하여 가르치며, 또 열동력론을 강의하여 가르친다. 또 제2학기 및 제3학기에 정력학섭인이론과 광음파동론을 가르치는데, 그 교과서 및 참고서는 돌토번태아의 저서 『정력학 및 섭인이론사』, 유리의 저서 『수학잡기』, 낙이돌씨의 저서 『광학』 등을 사용한다.

제4학년에 순정수학에서는 고등가이기자사와 고등미분방정식을 강의하여 가르치며, 교과서는 포아의 저서 『화내특덕희렴서사』, 돌토번태아의 저서 『한극융아포자포례사별설아자미』, 포아의 저서 『미분방정식』, 유리의 저서 『수학잡기』 등을 사용한다. 또 본 학년에 『근세기하학 및 가특아니은』을 강의하여 가르치고, 또 일본수학을 두루 가르치며, 교과서는 다온설돌의 저서 『근세기하학』과 혁란덕씨·특다씨의 공동 저서인 『가특아니은』을 사용한다.

제4학년의 응용수학에서는 동력학유동역학을 가르치고 지도하는데, 교과서는 위특다씨·사지아씨의 공동 저서인 『미체동력학』, 노사의 저서 『고체동력학』 및 배산의 저서 『유동역학』으로 한다. 기타 그밖에 전기학·자기학 등의 수리대의를 강의하여 가르침에 가민극의 저서 『전기학』을 교과서로 한다.

이상에서 열거한 여러 저서 외에 각 과목과 관련된 책은 각 학년에서 널리 가려서 제공하여 참고하거나 인용한다.

물리학

본 학부 가운데 물리학을 공부하는 경우에는 3개의 학과로 나누어 놓았는데, 수학·물리학·성학과와 공학과, 그리고 화학과이다.

제2학년에 배우는 것은 간단하고 쉬운 물리학시험실수, 척도·질량을 측정하는 시간 등과 정미한 기계의 사용법, 관측 및 그 결과론, 최소평방율 응용론, 기계물리학의 간단하고 쉬운 문제 및 위와 같은 논리의 실제 응용이며, 본 학년의 마지막 학기에 열학을 한다.

제3학년은 오직 이론 및 실험광학·기하학·열동력론을 강의하고 연구한다.

물리학을 연구하면서 수학 및 성학을 공부하는 학생은 물리학을 전공하는 학생에 비해 제2학년·제3학년 두 학년에서 간단하고 쉬운 물리학을 수업한다.

제4학년에는 오직 전기 및 자기학을 강의하고 연구하며, 이론 수업 이외에 별도로 실험실에서 전력과 자력을 측정하는 실험 및 전선을 응용하는 시험을 연습한다.

본 학년의 졸업논문 제목은 하나의 이론을 새롭게 탐구하고 토의하는 것을 조건으로 한다. 때문에 모든 학생에게 특별히 정밀한 내용을 다루는 한 가지 전공을 연구하도록 요구한다.

사용하는 교과서는 사거아아의 저서 『물리학초보』, 덕사내아의 저서 『물리학』, 과자오사의 저서 『물리측정법』, 액낙의 저서 『물리학』, 섭백내의 저서『최소자승법』, 유리의 저서『관측차위산정법』, 미리만의 저서『최소자승법』, 포력의 저서『물리실험법』, 비혁릉의 저서『물리실험법』, 유리의 저서『음학』, 사거아아의 저서『열학』, 마기사알의 저서『열학이론』, 연균의 저서『전기 및 자기학』, 감명의 저서『전기이론』, 낙이덕의 저서『자기학』, 유리의 저서『자기학』, 사파지사오덕의 저서『광선분극론』, 유리의 저서『광선파동론』, 낙이덕의 저서『광선파동론』, 사렴의 저서『광선분석론』, 낙극아의 저서『분광경용법』, 파균손의 저서『광학』, 야파열의 저서『도량형비교법』이다.

성학

이학의 제1학년 수준에서 제1학기에는 성학대의강의를 강의하여 가르친다.

제2학년 과목은 논리성학, 수학 및 형상성학초보이다. 교과서는 로미서씨·세감씨·화전씨의 저서이다. 실험성학은 자오의·천정의·기한의의 운용, 시간 및 위도 측정, 용수평척 및 분미척법이다. 교과서는 로미서씨 및 섭백내씨의 저서이다.

제3학년 과목은 논리성학, 관측이산법, 천체중학이다. 교과서는 섭백내씨·붕특과륜씨 및 자포열씨의 저서이다. 실험성학은 적도의 관측 및 이산, 분광경 및 광선계 사용, 묘유의 위도 측정이다. 교과서는 섭백내씨의 저서이다.

제4학년 과목은 논리성학, 행도, 섭도이다. 교과서는 가오사씨·백설아씨·아백아살씨의 저서이다. 실험성학, 자오의 관측 및 이산, 그 자오권 항차의 측정이다. 교과서는 백설아씨 및 섭백내씨의 저서이다.

식물학

생물학 제2학년에서는 매주 2회씩 식물의 구조 및 그 생리에 대해 강의하고, 또 실험실에서 실제에 나아가 이 두 과목을 가르친다. 또 학생에게 유화부의 종속을 연구하여 밝히고 판정하게 하며, 그 사용하는 식물을 제공하기 위해 날마다 소석천 식물원에 간다. 식물학에서 실험실 수업은 매주 6시간을 기본으로 삼았다.

지질학 제2학년 제1학기에 실험실에서 식물을 분석하는 방법을 강의하여 가르쳐, 학생에게 식물의 구조 및 그 자연 상태의 분류를 통달하게 한다. 제2학기 전체 학기 및 제1학기·제3학기 두 학기의 몇 주일 동안 식물형체론 및 생리론을 강의하여 가르친다. 제3학기에는 본 학기 및 이전 두 학기 가운데 강의한 여러 과목에 대해 실험실에서 다시 가르치고 지도하는데, 매주 2시간씩 교육한다.

생물학 제3학년에는 1년간 매주 2회씩 식물 분류 및 응용을 강의한다. 다만 제2학기말과 제3학기 전체 학기에는 무화 식물을 가르치는데 실험실에서 매주 8시간씩 단자엽부 가운데 화본과 및 사초과와 무화부 가운데 석송류·빈류·병이소초류·목적류·양치과·토마준류·지전류를 시험한다. 여러 수업이 통장부의 하등부속에 관계하는 것을 가르지만, 정밀하게 연구하는 것은 나중에 하도록 한다.

생물학 제4학년에는 식물학을 가르쳐 학생들이 전문적으로 배우고 익히도록 한다. 강의의 내용은 지리 및 고생식물, 통자부 및 식물고등 생리가 된다. 시험실의 여러 수업도 같은 과목에 대해 가르치고, 학생에게 별도로 식물의 한 부류를 전공으로 연구하게 한다.

참고서로는 굴렬의 저서 『식물학』, 백이화아의 저서 『식물학』, 살극의 저서 『식물학』, 소미의 저서 『식물결구 및 생리학』, 편포열의 저서 『식물학초보』, 특감덕아의 저서 『지리식물학』, 임특열의 저서 『약용 및 응용식물학』, 백아걸렬의 저서 『무화식물학』, 덕아유의 저서 『유만 초설』, 덕아유의 저서 『식충초설』, 덕아유의 저서 『식물계 각자수정 및 교호수정설』, 사보아특의 저서 『일본식물설』, 살백아극의 저서 『일본 식물설』, 미걸아의 저서 『일본식물설』, 불란설씨·살파설씨의 합저 『일 본식물목록』, 살림걸아의 저서 『일본해초설』, 본당의 저서 『향향식물 설』, 파무의 저서 『납이전박물관식물기』, 마기서무유굴의 저서 『흑룡 강식물설』, 굴렬의 저서 『북미식물설』, 특감덕아의 저서 『식물계』, 본 당씨 및 불걸아의 합저 『식물속류설』, 유특의 저서 『동인도식물도설』, 파무의 저서 『세아파아식물설』, 덕리세사의 저서 『화본과설』, 파특의 저서 『사초과설』, 호걸아의 저서 『양치과설』, 미특뉴사의 저서 『리포사 식물원식물양치과설』, 호걸아의 저서 『영국식물양치과설』, 살리함특 의 저서 『합중국토마준류 및 전태류설』, 백아극렬의 저서 『영국토마준 류설』, 격극의 저서 『지이류설』, 백아극렬의 저서 『영국지이류설』, 다 련의 저서 『지이류설』, 아가아특의 저서 『조유설』, 가정의 저서 『조유 설』, 자편화아사다의 저서 『구주조유설』, 합표의 저서 『조유설』, 림특 열 및 합돈합의 저서 『영국화석식물설』, 『초목도설』, 『본초도보』, 『본 초강목계몽』, 『화한삼재도회』, 『화휘』, 『본초강목』이다.

동물학

제2학년 수준에서는 유척동물을 가르치고 비교해부의 강의에서 실 험을 해보도록 하는데, 그 과목은 아래와 같다. 여러 방법의 맥관 연구조사, 근육, 소화기, 골상학, 비뇨생자기, 신경, 현미경 사용법.

제3학년 수준에서는 무척동물을 가르치고 비교해부의 강의에서 실험을 해보도록 하는데, 그 과목은 아래와 같다. 동물분류, 해부 각대부의 동물, 감각기 및 여러 기관의 생물조직학.

제4학년 수준에서는 모든 학생들에게 실험실에서 비교해부 및 발생학의 한 가지 일을 전공하여 섭렵하도록 특별히 강의하여 가르친다.

매주 1회 제3학년 및 제4학년생이 모여 각자 연구한 사항을 보고하게 한다.

지질학의 제2학년 수준의 과목은 동물분류 및 골상학인데, 그 차례는 먼저 동물계 가운데 각대문에서 중요한 여러 부위를 가르치고, 다음으로 해부학 및 조직학을 연구하게 하여 동물분류의 대의를 알게 한다. 골상학은 대개 고생물학을 공부하지 않던 이전에는 마땅히 미리 익혀서 수업하던 학과목이었다.

교과서는 굴노사의 저서『동물학대의』, 걸과모파유아의 저서『동물각대부』·『해부대의』, 극사열의 저서『유척동물 해부 및 무척동물 해부』, 노열사돈의 저서『동물생활형질』, 파아보아의 저서『발생학대의 및 비교발생학』, 포열의 저서『조직학서』, 니과아손의 저서『동물학서』, 모아사의 저서『동물학초보』이다.

토목공학

토목공학과의 제2학년 및 제3학년 과목은 기계공학과의 과목과 같다. 제4학년에 이르러 별도로 두 등급을 만들어 모든 학생들이 선택한 것에 따라 기계공학이나 토목공학의 한 과목을 전문적으로 배우고 익히게 한다.

각 학년은 보통과목 외에 토목공학 학생은 아래 여러 과목을 수학하는데, 제2학년에 배우는 과목은 육지측량술이니 통상적인 측량기의 이해·실용 및 거리·면적 계산, 평준기의 실용법, 측량도·지지도 측량 방법이다. 다만 제2학년에는 시한이 이미 채워졌기 때문에 각 학생에게 위에 기재한 여러 과목에 대해 실지 경험을 숙련하도록 한다.

제3학년에서 도로 및 철도를 축조하는 방법을 공부하고, 아울러 토목업과 여러 재료를 연구한다. 철도를 축조하는 과목은 직선·곡선 포치법, 평준측량법, 평면도·횡절면도·평행측면도[길의 높낮이에 따라서 보는 것이다.]의 제작법 및 철도 제선의 포치계산 따위이다. 과목마다 순서에 따라 배우고 졸업한 뒤에 야외에서 실험한다. 그 방법은 먼저 여러 시험선을 몇 리 사이에 포치하고 이어서 철도선의 위치를 판정하여 부설한 뒤에 여러 가지 상세한 도면을 제작하고, 여러 가지 계산을 제작하며, 아울러 여러 가지 조목들을 설명한 문서 등을 제작하여 진짜 설치한 철도와 똑같이 한다.

도로를 축조하는 과목을 연구하는 것은 촌락 시가지의 도로를 축조하고 수선하는 여러 방법이 되는데, 많은 배움 가운데서도 더욱 중요한 것은 일본에 적합한 방법이다.

토목공학을 공부하는 학생은 석탄·칠탄·점토를 자세히 살펴 연구하는 것이 필요한데, 석탄의 성질을 실험하고, 토목업과 여러 재료에서 가장 중요한 물질을 연구한다.

제4학년에서는 측지술·치수공학을 강습하고, 또한 스스로 여러 토목공학을 계획한다.

측지술은 교원이 입으로 가르치니, 교육과정 중의 교과목은 아래와 같다. 기선측량, 측점위치채택, 호표설치, 각도측량, 최소자승법을 사용하여 측량을 조정하는 방법, 위도·경도의 결정, 경도 지평의 방법, 양정 관상대, 실험측점의 고저법, 보통측지평준법, 지구도 제작 방법 등이다.

치수공학 중의 교과목은 아래와 같다. 유동체 연계 수리론, 수도·하천에서 보는 흐르는 물의 속력에 대한 여러 정식의 평론, 운하 축조 방법, 관수법, 배오법, 홍수법과 관계된 여러 공업, 하천 유수를 수리하여 운수를 편리하게 하는 방법, 제방을 보존하고 선조교각 및 항부를 축조하는 방법, 기타 동경부 하천 흐름을 측량하거나 하천 항구를 품평하여 그 지도를 제작하며, 실지에서 수상 측량을 연구하게 한다.

제4학년에서 연구하는 공사는 대강 아래와 같다. 목교·석교·철교 각각 한 개씩, 기타 각자 정한 여러 공업, 반드시 계산표를 완비함과 아울러 조관을 설명하는 문서를 짓도록 요구한다.

제4학년의 학기말에는 졸업 직전의 시기이므로 학생에게 토목공학의 한 제목과 관계된 것을 정하여 졸업논문을 기초하게 한다. 이는 그 때까지 연구한 학력이 졸업증서를 받을 수 있는가의 여부를 시험하는 것이다.

교과서 및 참고서는 제2학년의 경우 계아사비의 저서 『육지측량서』이고, 제3학년의 경우 변극의 저서 『철도공학가필휴』, 마한의 저서 『토목공학』, 계로막아이의 저서 『석탄연·석탄사 제법 및 용법』, 화사의 저서 『장중철도공학서』, 파리의 저서 『철도기계요설』이다. 제4학년의 경우 마한의 저서 『토목공학』, 란균의 저서 『토목공학』, 극납극의 저서 『측지술』, 미리만의 저서 『최소자승법』, 로미사의 저서 『실험성학』, 배극아의 저서 『건축법』, 보사의 저서 『철도공학가용서』, 두로특윤의 저서 『공학가필휴』, 한파아의 저서 『철교건축법』, 여극손이 번역한 가특아의 저서 『수세표』이다.

기계공학

제2학년에서 이수하는 과목은 두 가지인데, 첫 번째는 중학이고, 두 번째는 물질강약론이다.

중학 과목은 본원단위 및 인생단위, 단위보존법, 측도법, 실질속도·가속도 등의 학설, 배극특아[방위 및 장선을 보는 의의] 표시법, 화특극자포[접속한 곳에 점속력을 내는 정도와 방위선의 끝에 보이는 호선을 이른다.], 우동씨의 운동률, 응핍력, 운동이론 동정학 및 정세학 분별, 정세학 과목, 힘의 조성 및 분소, 역률, 쌍력, 산포력, 중심, 등포력 및 등변력, 평면타력률, 액체·기체 두 체의 억압, 수압기, 부체의 평균, 마찰, 마찰정고, 대류마찰, 동세학, 힘의 완전측도, 세력 및 동작, 세력의 보존, 동력률, 충돌, 분자회전, 원추형의 파진, 단순순궤동, 단순파자, 고체회전, 수압심성질, 집성파자, 실질공통운동, 특란배아씨율, 저항력 및 타력을 도점에 이동하는 운동이론, 운동이론 중의 잡률, 순시축, 회전 및 직선운동의 조성, 순시축 화선, 자유운동 및 긴박 정도, 연쇄기에 의거한 직선운동이다. 이상의 과목은 공학·채광학·물리학·수학 및 성학의 여러 학생들이 때때로 적실한 문제를 제기하여 교실이나 사실에서 해명하게 하여 공학 상에 중학 이론을 익숙하게 응용하도록 한다. 뒤에 기록하는 여러 학과도 또한 그러하다.

물질강약론은 공학기술용 재료의 제조 및 제공하고 분변하는 방법이다. 목재는 목재 생장 및 목재 벌목법, 목재 건쇄 및 보존법이다. 철은 제철로, 선철 종류, 쇠를 주물하고 단련하는 방법, 쇠수레, 단련 종류이다. 강철은 숯불에 강철 단련하는 법, 배사마씨·세면씨 및 수씨의 강철 단련법, 철 및 강철을 서로 섞은 물질, 소단법·소경법 및 소둔법, 다른 금속 및 합금, 모래와 흙으로 주조하는 법, 주물 냉경법, 물질시험, 시험기, 항구중량·변경중량 및 급가중량의 결과, 와자아씨의 시험, 보안 인수, 불극씨의 율, 시험상 확정 불변수, 기계 및 결구의 강약을 논하고, 그 형상과 응핍력을 부담하는 여부, 재력수리이다. 대체로 제3학년 과정에서 거두어 정리하니 결구강약론 안이다.

제3학년에 이수하는 과목은 세 가지인데, 첫 번째는 결구강약론이고, 두 번째는 열동력 및 증기기관학이고, 세 번째는 기계학이다.

결구강약론은 강약정고 및 지간계주 계획법, 교량 및 옥배 가구, 관공관절, 정봉접합법, 목공교량 및 연결교량 접합법, 교량 연결, 굽은 축의 임의 회전, 기관철갑 및 기관철관, 현쇄 및 현교, 철제 굽은 교량, 벽을 막은 굴뚝 등이다.

열동학 및 증기기관학은 세력의 보존변형 및 소모통론, 천연세력의 근원, 열 및 온도를 시험하는 법, 온기 분도를 시험하는 법, 열의 이동·도열·교환의 이치, 물체 상 열의 작용, 체내 및 체외의 동작, 비열·잠열, 증기 및 범사의 성질, 보이아사의 조사정리, 여아사삼씨의 율, 액낙씨의 동작순환율, 반용열기관, 공력제한, 사태능씨 및 애리극손씨의 공기기관, 증기팽창, 실제 및 추측시창도, 통투, 가열증기, 복용기관, 기관 및 응기기 등·소요수량계산, 산정기관공력의 방법, 노관제작 및 공력, 연료, 증기배분법, 기통기, 연쇄기운동, 거절엄, 절속기, 자동조기기, 증기기관의 각부 구성 및 제작 상해, 기동제기이다. 열동이론부는 제3학년 제1학기 중에 마치기를 요구한다.

기계학은 공장의 여러 공구, 기계에서 사용하는 공구, 기계운동의 이론, 기계마찰공력, 기계계획이다. 이 과목을 공부하는 사이에 항상 학생에게 공학 직장에서 갖추어야 하는 공구 및 기계를 보게 요구하며, 기계공학 학생이 제3학년 말에 이르면 광수하조선소에서 9개월 간 직접 공사를 집행하여 기계공구의 사용을 실험하게 한다. 학교로 돌아온 뒤 제4학년 중에는 기계를 계획함 및 졸업논문을 짓게 한다.

교과서와 참고서는 제2학년 때는 란균의 저서 『응용중학』, 타무손씨·저토씨의 공동 저서 『물리학』, 마계사유아의 저서 『물질 및 운동론』, 암특아손의 저서 『물질강약론』이고, 제3학년 및 제4학년에는 란균의 저서 『응용중학토목공학 및 증기기관학』, 가특리아의 저서 『증기기관학』, 마계사유아의 저서 『열학』, 설렬의 저서 『공장기계설』, 극특포의 저서 『기계학』, 만윤의 저서 『기계계획법』, 리극의 저서 『증기기관론』이다.

도학

도학 과정은 3년인데, 대개 학생들이 예비문에 있으면서 스스로 선택하여 화학을 익힌 까닭에 본 학부에 들어와서는 기계도법을 전문적으로 수업 받는다.

제1학년에서는 기하도법을 수업 받고 문제를 덧붙여 응용하고 익히게 한다.

제2학년에서는 다른 화도나 모형에 대해 기계도를 가르친다.

제3학년 1학기에는 착색기계도를 수업 받고, 제2학기에는 교량 및 토목공업도를 수업 받으며, 제3학기에는 착색지지도를 수업 받는다.

본 학부에서 이 과목을 가르치는 뜻은 각 학과의 학업 성취 상 필요한 다양한 도화를 작성하는 방법을 가르치는 데 있다. 모든 학생들이 연습하는 과정이나 수업이 같지 않기 때문에 여기에서는 별도로 기재하지 않는다.

금석학 및 지질학

이학 제1학년에서는 오직 금석정형학의 요령을 수업 받는다. 금석물리 상에 곧 광선 상의 성질, 견도비중 및 화학적 성질, 금석분류법 등을 연구하는데, 금석에서 가장 중요한 내용을 자세하게 적은 것은 답나의 저서 『금석학서』에 의거한다. 실지화학적 반응에 두루 부합하고 적절하며 일본에서 산출되는 것과 연계되는 것은 그 산지를 아울러 기재한다.

다음으로 금석학강의는 지질학강의로 지구 전부의 요령과 지질상의 현상과, 지구의 구조설과 그 변동 및 온도비중 등을 보여준다. 지질학 가운데 석질부에 속하는 암석의 강의는 특가상세가 이른바 구조지질학부이니 산악의 구조로부터 암석의 침용에 이르기까지 화산력·산맥의 구조, 지각변동, 여러 가지 지구상의 활동세력 이론이 이것이다. 또 제1학년에서는 지질 연혁론의 대략을 강의하여 가르친다.

제2학년에서 금석학은 또한 답나의 저서 『금석학서』와 『금석학교과서』로 하는데, 여기에서는 정형이론과 화학상의 금석부호식·금석의 여러 성질, 희귀한 생물에 미치기까지 자세하게 논의했다. 금석종족에 관한 이질동형 및 동질이형의 여러 가지 물부(物部)에 이르러서는 특별히 주의를 기울이게 한다.

금석식별학은 오직 실제를 주장한다. 이에 학생에게 한 항목에 긴요한 금석의 첩경을 분명하게 알 수 있게 그 방법을 입으로 가르치며, 빠뜨린 것이 없더라도 취관분석에 이르러 교육할 때는 반드시 그 의미를 자세하게 강의하지는 않는다. 다만 식별을 필요로 하는 화학·물리학·정형상의 성질에 대해서는 반복하여 가르쳐주어 빠뜨림이 없게 한다. 취관반응은 식별법 가운데 가장 긴요한 것이고, 그 내용을 담은 책으로 위와이사파비의 저서 『영문식별표』 및 답나의 저서 『금석학서·부록식별표』가 있다.

같은 학년에서 배우는 지질연혁론은 수성층·화성층·광도 등의 여러 구조가 자연 연대의 순서를 따르는 것에 관해 논변한다. 물이 이룬 구조 가운데 이 순서에서 솟아난 것은 곧 무생적층·태고층·중고층·근고층 같은 것이니 모두 그 설명을 다하여 학생에게 암석 및 화석에 대해 자신도 모르게 익숙하게 된다. 또 강의 가운데 일본에서 산출되는 암석 및 화석의 설명을 힘써 두루 인용하고, 또 답나의 저서 『지질학서』·『지질학 및 채광학』을 참고하여 사용했다. 제3학년에 대해서는 이 강의의 내용이 제2학년 수준이기 때문에 가르치지 않고 본 학년에서 가르친다.

제지질도 및 측량지질강의는 당연히 제3학년에서 가르친다. 그러나 제3학년의 경우 제2학년에서 이미 수업했기 때문에 본 학년에서는 특별히 지질연혁론을 가르친다.

석질학은 무엇보다도 분명하게 가르쳐서 다른 날 암석에서 직접 작업을 한다. 현미경은 조사하고 관찰하는데 필요한 사다리 역할을 하지만, 가르칠 때 스스로 정한 방법으로 말미암아 가르치고 지도한다. 별도로 교과서를 사용하지는 않지만, 영국·프랑스·독일 서적을 적극적으로 참고하고, 특히 답나씨의 『지질학서』를 인용한다.

　고생물학강의는 본 학년의 교과에서 가장 주요한 부분을 차지한다. 먼저 인류에서 발단하여 포유동물·금류와 포복동물·수륙 양생동물 및 어류로부터 척골이 있는 동물의 설명에 이르기까지 다룬다. 다음으로는 절족류[우충·지주·해류]와 해반거[해담]와 아니자이답[거머리·지렁이 등], 백리쇄아 및 불자기옥백답 등의 설명으로부터 연체동물에 미치기까지 다룬다. 대개 이 동물들은 지질학에 긴요한 것으로 가르칠 때 많은 시간을 들인다. 이후는 세렴특자답[산호·해면]·보낙다쇄아 등의 설명으로부터 생물학 중에서 제2부 고생식물학까지의 내용이다. 그 밖에 동물 각부의 발생연대 및 그 발생이 어떠한지 여러 학설로부터 각종 동식물·화석에 이르기까지 풀이하여 밝히고, 암석의 시대가 어떤 좋은 효과를 드러내는지 단정하며, 아울러 이 동식물·화석이 동식물 분류에서 어떤 지위를 차지하는지 자세하게 궁구한다.

　지질학은 교원은 때때로 학생을 인솔하여 그 지방의 땅을 다니면서 살피고, 실제에 나아가서 그것을 연구하게 한다. 또 오직 실제에 나아가서 지질도를 제작하는 방법을 가르치며, 이후에는 실험에 그치지 않고 강의로 가르친다. 또 본 학년 학생에게 석질학 및 고생물학으로 말미암아 강의에서 가르친 방법을 실제에 나아가 암석 및 화석을 식별하게 한다.

　제4학년에서 가르치는 것은 강의의 대요이다.

　본 학년에서 이수하여 학습하는 설직학에서는 현미경을 사용하여 그 실험과 강의를 하며, 또 제3학년에서 대략 가르친 것을 들어 다시 자세하게 논의한다.

고생물학은 교수의 지시에 따라 실험하게 하며, 특히 화석에 대해 자세하게 논의한다. 대개 이 강의에서는 오직 종류를 뚜렷하게 나누게 한다. 암석을 식별하는 일과 화석을 식별하는 일은 동일하게 현미경을 사용한다.

본 학년 중에 실제 교육을 통해 지도하는 과목은 아래와 같다. 첫 번째, 측량지질, 지질도 제작, 강의 및 실수순험지질이 이것이다. 이 강의 가운데 표면지질학을 추가하는데 이 수업이 지질 측량에 긴요하기 때문이다. 두 번째, 응용지질학강의가 이것이다. 그 과목은 아래와 같다.

갑: 마땅히 제공되는 보통실용물질개론[금석·암석·산악].

을: 압력의 작용, 암석의 응취력과 견도와 흡습성 및 구조에 따라 변이에 이르는 개론.

병: 모든 사업물품에 필요한 물·돌·재료·점토 등을 공용하는 문제에 대해 논의함.

정: 토양이나 표층암석의 성질이 농업에 크게 관계됨을 논의함.

이상의 기록에서 응용지질학강의는 단지 지질학에 그치는 것이 아니라, 채광학이나 공학을 전공하는 학생에게도 가르칠 필요가 있다. 그러므로 본론에 나아가기 전에 미리 금석학 및 지질학 대요를 반드시 가르쳐야 하는 것이다.

교과서와 참고서는 답방의 저서 『금석학서 및 금석학교과서』, 불자쇄아 번역 와이사파비의 저서 『식별금석표』, 답나의 저서 『지질학교과서 및 지질학서』, 니가아손의 저서 『고생물학』, 오특와아덕의 저서 『연체동물론』, 래야아의 저서 『지질원론 및 지질학초보』, 피일의 저서 『응용지질학』, 자타열의 저서 『석질학』, 지아걸아의 저서 『석질학 및 금석·암석현미경사찰법』이다.

야금학 및 채광학

첫째, 야금학: 보통야금학, 야금학연혁약사, 여러 금속 및 합금류의 성질, 여러 야금시법, 야금용 물질 및 연료, 야금용 기계, 야금 상 만들어내는 물질, 야금 상 버려지는 물질. 응용야금학, 납, 구리, 은, 금, 백금, 수은, 아연, 가토모무, 주석, 비소, 안질무니, 비스무트, 격파아토, 니걸아, 쇠 및 다른 야금법.

둘째, 채광학: 유용한 광물 발현 상황, 탐광 시착 및 광맥의 단속·장단 등의 검정, 광부 손작업 및 사용도구, 광산의 갱도 뚫기 준비 및 조업, 광산 보존방법[버팀대 및 벽 만들기], 땅속 운반법, 갱도 직선 승강법, 갱내 통기 및 점등법, 갱내 실화 소방법, 갱내 수로 소통 방법.

셋째, 야금 및 도태 실험: 야금실험장에 작은 염배 소로 1개·용광 및 증류로 몇 개 벌려놓기; 도태실험장에 목제 절구 1개[3개의 공이 붙임]·태판 1개·쇄석기 1개· 원통 모양의 체 1련·수력 분류 체 1개 및 여러 기구 벌려놓기.

이상은 광석 실험에 제공되는 것이다. 아래에 취하여 기록한 것은 광산인데, 생야 및 좌도의 금·은광산, 원내·경정택 및 소판의 은광산, 별자 및 생야의 구리광산, 우타의 수은광산, 정소의 납광산, 계산의 주석광산, 중소판의 철광산, 천초의 안질무니광산이다.

채광학을 연구하는 학생은 위에 기록한 여러 광산에 부탁하여 실험 상의 용야와 도태에서 마땅히 적당한 방법을 고찰해야 한다. 또 금속분의 소모 등을 검정하고, 광물 제조상에 혹시 새로운 방법을 얻으면 그

것을 실험하여 적합한지 여부를 증명해야 한다. 광물 제조방법과 관련된 것을 알려고 한다면 그 광물 덩어리를 본 학부에 수송하고 지도와 가르침을 구해야 한다.

넷째, 야금 및 채광기계와 아울러 공장의 계획: 채광학을 연구하는 학생은 야금 및 채광에서 사용하는 여러 기계도를 제작하고, 제공하여 사용하는 물질의 양 및 실시과정에서 요구되는 경비 예산표를 덧붙인다. 위의 여러 기계 모형과 장치를 제조하는 채광학의 열품실에서 우등생에게는 광물을 주조하고 제조하는 데 적합한 공장 장치를 계획하게 하고, 또 외국산 여러 물가표를 구비하여 알게 한다.

부구가 강의하며 가르치는데, 여러 기계모형도면·표품·광석 및 용해물 덩어리와 조각 등으로 한다[일본의 산인지 다른 나라 산인지 따지지 않음]. 모형 및 도면의 수는 날이 갈수록 증가되는데, 그 가운데 특히 일본 사람의 손에 의해 집성된 것을 부지런히 수집한다.

야금학에서 사용하는 참고서로는 파낙극산의 저서『금속론』, 록림오토의 저서『야금학』, 란보륜의 저서『동광야금법 및 금은야금법』등이다.

시금술 및 취관분석술: 채광·야금학 및 화학. 제4학년 수준에서는 시금술강의를 가르치고, 또 실제시험을 하게 한다. 다만 화학을 연구하는 학생은 금·은·구리·납을 시험하는 데 그칠 뿐이다.

채광·야금학: 제3학년·제4학년 두 학년 간에 취관분석술을 강의하여 가르치며, 또 학생에게 검질 및 정량·취관분석을 하게 한다.

지질학: 제2학년 학생 또한 취관분석을 강의하여 가르치는데, 검질과 분석을 가르치는 데 그칠 뿐이다.

교과서는 보자다니아의 저서 『취관분석법』이다.

철학

논리학 및 심리학의 원리는 여러 학문 활동에서 긴요한 것이다. 따라서 법학·이학·문학부의 제1학년에서 각자 전공과목 외에 특별히 이두 과목을 가르친다. 교과서는 시맹의 저서 『논리학』, 백인의 저서 『감각지력론』이다.

문학부 제2학년 학생은 심리학을 연구하고 형이하학 및 철학·생리학 원리를 조금씩 섭렵하여 마음과 몸이 서로 관계하는 까닭과 의식과 신체가 서로 병행하는 까닭을 알게 한다. 본 학년에서는 저가이특씨·피해아·사변설아 등 여러 사람의 공동 저서 『근세철학사지개략』을 가르친다. 그 내용은 대개 유럽의 근세철학사를 가르치는 것으로 하나의 이치가 위로 관철해 나아가므로 학생들이 논리학상 사상을 진보해 나가는데 적절하다.

이 수업을 가르칠 때는 오직 말로 전하고 가르쳐주어 각종 철학이론의 요령을 자세하게 이해하게 한다. 그러므로 학생들이 뒤에 나오는 여러 학자들의 저작을 읽고 그 깊은 의미를 쉽게 규명한다. 또 옛날과 지금의 순수철학 논문을 보면서 하나의 철학이 근본하고 있는 이론에 근거하여 비평할 수 있다.

교과서는 백인의 저서 『심리학』, 가아변태이의 저서 『정신생리학』, 사변설아의 저서 『원리총론 및 생물원론』이고, 참고서는 막사열의 저서 『정신생리 및 병론』, 아백아극륜비의 저서 『지력론』, 백격아의 저서 『창조사』, 설유극열아의 저서 및 록이사의 저서 『철학사』, 백윤의 저서

『근세철학사』이다.

제3학년에서는 근대 심리학·철학에서 심각하게 다룬 대요를 강의한 이후 학생에게 오직 도의학을 연구하게 한다.

교과서는 백인의 저서 『심리학』 및 『도의학』, 사변설아의 저서 『도의학논료』, 아립사특덕아의 저서 『도의학』, 서지유극의 저서 『도의학』이다. 참고서는 본당의 저서 『도의』 및 『입법논강』, 미아의 저서 『이학』, 파다열아의 저서 『인성론』, 감다의 저서 『도의론』, 복포사의 저서 『서설낙덕아포사애』이다.

제4학년에서는 강의를 두 가지로 나누어한다. 하나는 심리학 및 근세철학의 여러 논설 가운데 비교적 저명한 것을 가르치고, 기타 인류와 하등동물의 마음과 힘의 비교, 태고와 문명시대 인간 마음의 변천, 동물 및 인류의 진정어·모의어 및 그 문장 수식의 변천 등 여러 문제들을 연구하게 한다.

교과서는 사변설아의 저서 『심리학』, 미아의 저서 『합미아돈씨철학』, 희사걸의 저서 『만유철학』이고, 참고서는 답아윤의 저서 『생물원시론』·『인류원시론』 및 『정사발현론』, 로이의 저서 『철학사』, 저낙이의 저서 『원민사회론』 및 『태고인류사』, 로본의 저서 『개화기원론』, 렬걸의 저서 『구사명리설』, 사변설아의 저서 『만물개진론』 및 『신론문집』, 미아의 저서 『논문집』이다. 다른 하나는 철학상의 『사상연혁사』인데, 빙거특가아·사파인살·백극렬·감다의 저서를 중심으로 다룬다.

4학년 가운데 일부는 순리학을 연구하게 하는데, 교과서 및 참고서는 특가아의 저서 『철학』 및 『미지저웅』, 사파인살의 저서, 감다의 저서 『순리학』, 걸아특의 저서 『감다씨철학』, 마보희의 저서 『감다씨순리론』, 표목의 저서『인성론』, 열특의 저서『심리론』, 와열사의 저서『해해아씨논리학』, 로이의 저서『철학사』, 여백아유극의 저서『철학사』, 미아의 저서『합미아돈씨철학』이다.

정치학

정치학과에서는 2학년을 거쳐 제3학년 수준에서도 본 학과의 초보를 가르친다. 세태학의 송독과 구수에서 시작하여 학생에게 인생과 사회를 알게 하고, 하나의 활력 있는 인물이 되어 복잡한 사회 조직을 이끌 수 있도록 한다. 하지만 그 구조의 효용이 어지럽고 복잡함이 끝이 없어 그 본원과 진보의 상황에 대해 깊이 연구하는 것이 아니면 명료하게 이해할 수 없다.

다음으로 정치이론이라는 것이 순수철학에 근원하여 가르치므로 철학을 구수하여 학생에게 오늘날 여러 학자의 논설이 실제에 적합한 까닭을 안 뒤에 비로소 정리의 핵심 이론으로 들어가고 윤리를 연구한다. 정리의 여러 학설은 그 깊은 내용을 점차 연구해야 하는데, 그때 사용하는 교과서는 다음과 같다. 사변설아의 저서『세태논강』, 파서묵의 저서『물리정치상관론』, 점아간의 저서『고대사회론』, 사변설아의 저서『정리론』, 오이사의 저서『정치론』이다.

제4학년 수준의 정치학과에서는 졸업할 수 있는 학생을 위해 오직 정리의 깊은 내용을 연구하게 한다. 이는 국가의 성질·국민 권리에 연계된 여러 학설에서 시작하며, 다음으로 이론이나 실제상에서 자유로운 이론을 연구하여 밝힌다. 아울러 정부의 효용을 설명하고, 헌법사를 섭렵하면서 당시 문명사회가 여러 헌법을 추구하고, 훗날에 일어나기를 기대하는 사회조직의 변천과 소망하는 요건에 대해 간략하게 논의하며 마친다.

본 학과의 학생은 졸업논문을 쓰기 위해 별도로 배우고 이수하게 하는 것이 있는데, 그때 사용하는 책들은 아래와 같다. 오이사의 저서 『정치론』, 이백아의 저서 『자치론』, 미아의 저서 『자유론』, 사지분의 저서 『자유변』, 합리손의 저서 『순서 및 진보편』, 미아의 저서 『대의정체론』이다.

이재학

이재학과에서는 2학년을 거쳐 제3학년 수준이 되면 먼저 그 강령을 가르쳐 미래에 정밀하게 연구하는 예습으로 삼는다. 그 목적은 진실로 한 학파의 학설을 수학하는 데만 힘써 이재학상 학생들의 유추와 사고를 이끌어 도와주고 장려하여 여러 학자들의 상이한 학설에 대해 비평하고 단정하는 능력을 갖게 하는 데 있다. 교과서 및 참고서는 미아의 저서 『이재논강』, 마극안 편찬, 걸열의 저서 『세태론』, 기아륜의 저서 『이재논법』, 시맹의 저서 『화폐론』, 기아륜의 저서 『이재신설』, 모문의 저서 『미국이재론』이다.

제4학년 수준에서는 이재학과에서 현재 졸업할 수 있는 학생들을 위해 개설한 교과만을 이수하게 한다. 그 두세 논제는 본 학과에 긴요한 것인 노력조세법·외국무역·은행법·화폐론 등을 강구하는 것과 연계된다. 학생이 보통의 교과서 외에 별도로 연구해야 하는 것은 책문을 저술하는 일이다.

교과서 및 참고서는 맥열악특의 저서 『은행론』, 가섬의 저서 『외국

태환법』, 와가의 저서『화폐론』, 심납의 저서『미국화폐사』, 기아륜의 저서『이재신설』, 팔사타의 저서『미국조세법』, 맥가낙극의 저서『조세론』, 사륜돈의 저서『노력론』, 배아사의 저서『자유무역변』, 파사지아의 저서『보호세변』. 살내의 저서『미국보호론』이다.

화문학[일본문학]

법학·문학부의 제1학년 학생에게는『어휘별기』및『신황정통기』를 배우게 하고, 본 등급의 제2과 소속인 화한문학 학생에게는 별도로『죽취물어』[39] 및 침초지[40]를 강의하여 가르친다.

문학부 제2학년 제1과 학생에게는『죽취물어』및 침초지를 강의하여 가르치고, 제2과 학생에게는『대경』[41]·『원씨물어』[42]·『증경』을 강의하여 가르치며, 학생들에게『속세계물어』에 대해 질문하게 한다.

제3학년 제1과 학생에게는『원씨물어』·『만엽집』을 가르치고, 제2과 학생에게는 지난해에 수학한『원씨물어』를 강의하고, 다시『고사기』·『만엽집』을 강의하여 가르치며, 또 학생에게『고어습유고금집』에 대해 질문하게 한다.

제4학년 제2과 학생에게는 지난해에 수학한『고사기』·『만엽집』을 강의하여 가르치고, 학생에게『육국사』와『유취삼대격』[43]에 대해 질문하

---

39) 죽취물어: 다케도리모노가타리(竹取物語)는 헤이안(平安) 초기에 지어진 가장 오래된 이야기이다. 모노가타리(物語)는 옛날부터 전해오는 이야기를 가리킨다.

40) 침초지: 마쿠라조오시(枕草紙)는 견문한 내용이나 생각난 것을 적어 놓고 손닿는 곳에 두는 책으로 일종의 비망록이다.

41) 대경: 오오카가미(大鏡)는 헤이안 시대 말기의 역사 소설이다.

42) 원시물어: 겐지모노가타리(源氏物語)는 헤이안 시대 중기의 장편 소설이다.

43) 유취삼대격: 로이쥬산다이규구(類聚三代格)는 사가(嵯峨)·세이와(清和)·다이고(醍醐) 세 천황시

게 하며, 마지막 3년간은 한 달 걸러서 1회씩 화문 및 화가를 짓게 한다.

학생 가운데 시간을 내어 정통 교과목 이외의 책을 읽고자 하는 학생을 위해, 서적을 정하여 추천하니 아래와 같다. 다만 제1학년 학생을 위해 가르치는 책은 생략한다.

제2학년: 『십훈초』,[44] 『우치사유』, 『고금집』, 『원평성쇠기』, 『토좌일기』.

제3학년: 『속일본기』, 『만엽집』[권3 이하], 『수경』, 『증경』과 『작문장』.

제4학년: 『일본서기』, 『일본후기』, 『동경』, 『독사여론』, 『태평기』, 『사옥서』, 『사팔구』, 『사통로』.

한문학[중국학]

법학·문학부 제1학년에게는 『사기』를 윤독하게 하고, 제2학년 학생에게는 여기에 더하여 『맹자』·『논어』를 윤강하게 한다.

문학부 제2학년 제1과 및 제2과 학생에게는 『팔대가문』을 윤독하게 하고, 제2과 학생에게는 여기에 더하여 『좌전』을 윤강하게 하며, 『자치통감』에 대해 질문한다.

제3학년 제1과 학생에게는 『좌전』을 윤강하게 하고, 제2과 학생에게는 『대학』·『중용』·『시경』·『한비자』·『순자』를 윤강하게 하며, 『송·원통감』에 대해 두루 질문한다.

제4학년 제1과 학생에게는 『시경』 및 『서경』을 강의하여 가르치는데, 그 수학 여부는 학생이 바라는 것을 따르며, 제2학년 학생에게는 『역경』

대에 정해진 격식이다. 이는 고닌규구(弘仁格)·죠간규구(貞観格)·엔기규구(延喜格)의 3대 격(格)을 신사(神社)·불사(仏事)·폐치제사(廃置諸司)·출거(出挙) 등의 항목으로 분류하여 편찬한 책이다.

44) 십훈초: 쥬긴쇼(十訓抄)는 간추린 설화집이다.

및 『장자』를 강의하여 가르치고, 『서경』 및 『노자』를 윤강하게 하며, 또 『명조기사본말』에 대해 질문한다. 제2과 학생에게는 매월 2회씩 시문을 짓게 하고, 기타 각급 학생에게는 매월 1회 문장을 짓게 한다. 다만 제4 학년 제1과 학생에게는 한 달 걸러 1회씩 문장을 짓게 한다.

학생 가운데 여가 시간을 이용하여 정규 교과목 이외의 책을 읽으려 는 자를 위해, 책을 정하여 추천하니 아래와 같다.

제1과: 『대학』, 『중용』, 『논어』, 『맹자』, 『자치통감』, 『송·원통감』, 『명 조기사본말』.

제2과: 『한서』, 『후한서』, 『삼국지』, 『당서』, 『오대사』, 『국어』, 『전국책』.

사학

제1학년 과정의 법학부 제1학년과 문학부 제1학년은 함께 수학할 수 있다. 다만 본급 학생은 이미 『만국사대의』를 배웠기 때문에 제1학기 중에는 영국사를 수강하고, 제2학기에는 프랑스사를 수강한다. 교과 서는 『영국사』, 사밀사의 저서 『프랑스사』이고, 참고서는 극림의 저서 『영국사』, 사답포의 저서 『영국헌법사』, 란비의 저서 『영국사』, 마방의 저서 『영국사』이다.

문학부 제2학년에게는 영국헌법 및 사론요지를 연구하게 한다. 헌 법 참고서는 아래와 같다. 사답포의 저서 『특허전례유찬』, 합람의 저 서 『중세사』 및 『헌법사』, 미야의 저서 『헌법사』, 유아서반특의 저서 『사저특다자아아사』이다. 사론 참고서는 미인의 저서 『고대법률 및 제도연혁사』, 계소의 저서 『문명사』, 사변설색의 저서 『세태학』 및 『만물개진론』, 포리만의 저서 『사론』, 파래서의 저서 『라마사』이다.

문학부 제3학년에서 수학하는 과목은 희랍과 로마 두 나라의 역사이다. 교과서는 사밀사의 저서 『희랍사』 및 『로마사』이고, 참고서는 극로다의 저서 『희랍사』, 가아지서의 저서 『희랍사』, 문섬의 저서 『로마사』, 미리파아의 저서 『제정로마사』, 지반의 저서 『로마성쇠사』이다.

문학부 제4학년은 관련된 각국의 체맹조약 및 국제교제법의 문제와 구라파 및 아세아사를 강의하여 가르치고, 또 학생에게 논문을 짓게 한다.

영문학

영문학에서는 교과목을 이수하기 전에 반드시 먼저 영어로 말하고, 영어로 읽고, 영어로 쓰는 것을 요구한다.

학생이 이수하는 과목은 먼저 교과서에서 영어 및 영문학사에 통달하게 하는 것이고, 그런 다음 교원이 수시로 교과서 가운데 몇 부분을 골라 뽑아서 학생에게 읽게 한다. 또 필기로 시험을 보고 학생들의 학력 진도 여부를 점검한다. 그 방법은 여러 사람들의 유명한 문장을 학생에게 맡겨서 비평을 더하거나 송독하거나 또는 해석하게 하여, 그 문장을 완전하게 갖출 수 있도록 한다.

문학과에서는 항상 학생에게 논문을 짓게 하고, 비평을 하게 한다. 마지막 학기에는 수시로 학생에게 보통 문장가가 지은 문장을 읽고 비평하며 분석하고 해석하게 한다.

매달 학생의 우월성에 가늠하는 평가를 필기시험으로 본다. 교과서는 극렬굴씨의 저서 『영어 및 영문학사』, 사비렴의 저서 『영문학대가문집』, 격렬극 훈해 설극사비아의 저서 『해살』, 격렬극 및 래다 훈해 설극사비아의 저서 『한렬다·마점다·아비·위니사·사리제2세』, 래다 훈해 설극사비아의 저서 『경리아』, 모리서 훈해 독수의 저서 『포로낙극안다내토적이』, 기전 훈해 『미아돈시집』, 극리사적 훈해 『덕래정시집』, 미륜 훈해 『융손문집』, 비인 훈해 『파아극시집』, 가리비사 훈해 『고파시집』이다.

프랑스어 및 독일어

법학부 학생에게는 프랑스법을 배우게 하기 때문에, 4학년 가운데 2학년까지 2년간 프랑스어를 전공하여 수학하게 한다. 또 이학부·문학부에서는 각 학생에게 2학년까지 2년간 영어와 독일어 두 언어 가운데 하나의 언어를 정하여 이수하게 한다. 다만 문학부 제2과 학생은 그렇지 않다. 각자 정한 전공학과에서 필요한 것을 널리 찾고 끌고 와서 프랑스어나 독일어 가운데 스스로 선택하여 정하면 된다.

각급에서 사용하는 교과서 및 스스로 읽을 책은 아래와 같다. 감하다의 저서 『영·독대역문전』, 류편 및 납기의 합저 『독일독본』, 수다열아의 저서 『이학서』, 자마다의 저서 『프랑스독본』, 파란쇄의 저서 『프랑스회화편』, 노이 및 살살의 합저 『프랑스문전』, 과력의 저서 『프랑스독본』, 피유노의 저서 『프랑스사』, 오아덕아의 저서 『로이제십사세기』, 희내룡의 저서 『특열말만유기』, 저자극이질의 저서 『불국정전』.

모든 학부의 규칙

1. 학년은 9월 11일에 시작하고 7월 10일에 마친다.

1. 학년은 3학기로 나누는데, 제1학기는 9월 10일부터 12월 24일까지이고, 제2학기는 1월 8일부터 3월 31일까지이며, 제3학기는 4월 8일부터 7월 10일까지이다.

1. 겨울철 휴업[방학]은 12월 25일부터 1월 7일까지이고, 봄철 휴업은 4월 1일부터 7일까지이며, 여름철 휴업은 7월 11일부터 9월 10일까지이다. 그리고 일요일 및 국제경축일에도 휴업한다.

1. 입학 시기는 매 학년의 처음에 1회에 한한다. 다만 사정에 따라 제2학기 및 제3학기 처음에도 입학을 허가한다.

1. 본 학부의 제1학년에 입학할 수 있는 자는 그 나이가 16세 이상이고, 제2학년에 입학할 수 있는 자는 그 나이가 17세 이상이며, 그 나머지는 이에 준한다.

1. 본 학부의 제1학년에 입학을 허가한 자, 예비문의 졸업자는 해당 영역에서 시험을 실시하는 등 학력으로 제한할 수 있다.

1. 제2학년 이상의 학년에 입학을 희망하는 자는 먼저 제1학년에 입학하여 반드시 여러 과목의 시험을 통과해야 하며, 이어서 해당 학년의 입학시험 합격과 불합격으로 입학 허가 여부를 결정한다. 다른 대학에서 수업한 자는 그 학부 증서에 따라 해당 과목의 시험을 실시한다.

1. 고등 수준의 학년에 입학을 희망하는 자는 제4학년이 아니면 제1학기의 시작을 허가하지 않는다.

1. 학년의 시험은 6월 21일을 시작으로 하여 해당 학년 중에 여러 과

목의 시험을 이수해야 한다.

1. 학기의 시험은 제1학기 및 제2학기 마지막 주 중에 하는데, 해당 학기 안에 여러 과목의 시험을 이수해야 하며, 제3학기는 마지막 주에 학기 시험을 실시한다.

1. 교과목의 학기 평점은 매 학기 마지막에 학기 과업 및 학기 시험 두 평점의 평균으로 정한다.

1. 과목의 학년 평점은 학년의 마지막에 3학기 과업 및 시험을 평균한 평점에 2를 곱하고 학년 시험의 평점에 더한 후 3으로 나누어서 얻은 점수로 한다.

1. 매 학기 마지막에 각각의 교수인 자가 학생의 과업 평점 및 시험 평점을 받아 조리 있게 처리한 것을 알려준다.

1. 제1학기 및 제2학기의 마지막에는 반드시 학업의 우열에 따라 학생의 등급표를 순서대로 나열하고 각 과목의 학기 과업 평점 및 시험 평점을 자세하게 기재한다. 학기 평점은 한 과목의 평점 평균수와 여러 과목의 평균수를 함께 게시한다. 또한 학년의 마지막에 위와 같이 각 과목의 학기 평점 평균수, 학년 시험 평균수, 학년 평점수와 아울러 여러 과목 평점 평균수를 상세하게 기재하여 등급표에 게시한다. 매년마다 해당 학부의 일람 가운데 모든 학생의 성명을 인쇄하여 발행한다.

1. 학년의 여러 과목 평점 평균의 수는 순서대로 기재한다.

1. 각 학부의 제1학과 졸업자는 법학부에서는 법학사, 이학부에서는 이학사, 문학부에서는 문학사의 학위를 수여한다.

1. 학위는 그 학년의 마지막에 수여한다.

1. 각 학부의 학사가 졸업을 하고 다시 그 배운 것을 연구하려는 자

에게는 원하는 바에 따라 허가한다.

1. 각 학부에서 제2학년 이상의 여러 과목 가운데 한 과목 혹은 몇 과목을 골라 수학하려는 자는 각 등급의 정원에서 결원이 생긴 수만큼 허가한다. 단 영어·프랑스어·독일어와 일본문학·한문학 및 일본 법률은 선택하여 수강하지 못하게 한다.

1. 학생의 비용은 수업료·식료·연탄·땔나무·기름 등을 합계한다.

1. 학기 중에 소비하는 비용은 금 18원 이내이다.

1. 수업료는 1학기 금 4원이며, 매 학기 시작할 때 한 학기를 본 학부 회계과에 분납하는데, 사고로 과업에 빠지거나 또는 퇴학할 경우 이미 분납한 것을 다시 돌려주지 않는다.

1. 학생 가운데 학력이 우수하고 행실과 용모가 단정하며 장래에 학업을 성취할 전망이 있는데 가난하여 그 뜻을 이룰 수 없는 자는 기숙사에 입사하는 것에 대해서는 제한이 있지만, 그 원하는 것을 따지고 논의하여 학비를 지급하여 주는데, 급비생이라고 칭한다.

1. 급비생은 졸업하고 만 3년 뒤에 매월 이미 사용한 금 5원을 갚아야 하는데, 받아온 급비 금액에 따라 전액을 납부해야 한다.

1. 3년 안에 납부하여 갚아야 하지만, 그렇지 못한 경우 자금을 갚을 능력을 얻은 자는 그때부터 납부하여 갚는다.

1. 급비생이 질병에 걸리거나 다른 사고로 말미암아 자퇴를 요청하거나 또는 학기 및 학년 시험에 참석하지 못하고, 다음 학년 제1학기 시험에도 출석하지 못하여 퇴학을 하는 자는 즉시 급비금을 납부해야 한다.

종리, 2인; 교원, 50인[본국인, 38; 타국인, 12]; 학생, 208인[학자금은 매월 5원부터 4원까지이며, 국비로 지원하는 학생은 146인이다.]

대학예비문

大學豫備門

・沿革

七年分東京外國語學校英語科爲一校公

學校、隸文部省、其敎則、爲上下等二科、上等

下等生、修進上等之前課、但卒下等語學之

語學、爲主旨八開成學校爲專門科十年、更

改稱大學豫備門、

敎旨及課程

一、本校屬東京大學、爲生徒欲入法、理、文與

通學科爲之豫備、一、本校課程、爲四年、因設

卒業者得入大學擇修法、理、文之一科學科

如左、

연혁

명치 7년(1874)에 동경외국어학교 영어과를 확대 개편하여 학교를 창설했는데 이름을 '동경영어학교'라 하고 문부성에 편입시켰다. 그 교칙은 상등·하등의 두 과정으로 했는데, 상등의 학생은 오직 어학을 수학하고, 하등의 학생은 상등 이전의 과목을 닦아 나아간다. 다만 하등 과정의 어학을 마친 뒤에 상등 과정의 어학에 나아가는 것이 본래의 취지이며, 개성학교에 입학하여 전문과로 간다. 명치 10년(1877)에 다시 동경대학에 편입하고 대학예비문으로 고쳐 불렀다.

교지 및 과정

1. 본교는 동경대학에 소속되어 있고, 학생으로서 법학부·이학부·문학부에 입학하려는 자는 보통 학과를 넓게 공부하여 예비해야 한다.

1. 본교의 과정은 4년이다. 이에 4개의 등급을 설치했는데 졸업자는 대학에 들어가 법학부·이학부·문학부의 한 학과를 선택하여 수학할 수 있다. 학과 교육과정의 주요 항목은 아래와 같다.

제1학년 제4급 제1기: 영어학[읽기, 글짓기, 문법, 석해, 매주 11시간]; 수학[산술, 매주 6시간]; 화학[스스로 그리는 방법, 매주 2시간]; 화한서 [일본외사, 매주 5시간]. 제2기·제3기: 둘다 위와 같다.

제2학년 제3급 제1기: 영어학[읽기, 문법, 작문, 석해, 매주 11시간]; 수학[산술, 기하총론, 매주 4시간]; 지리학[자연지리, 매주 3시간]; 사학

[만국사략, 매주 3시간]; 화학[스스로 그리는 방법, 매주 2시간]; 화한서
[일본정기, 매주 5시간]. 제2기: 수학[대수, 기하]; 기타, 위와 같다. 제3
기: 위와 같다.

제3학년 제2급 제1기: 영어학[수사, 작문, 석해, 강연, 매주 9시간];
수학[대수, 기하, 매주 6시간]; 사학[만국사, 매주 3시간]; 생물학[생리,
매주 3시간]; 화학[스스로 그리는 방법, 매주 2시간]; 화한서[통감남요
정편, 매주 4시간]. 제2기: 화학[기물을 이용하여 그리는 방법]; 기타,
위와 같다. 제3기: 생물학[식물]; 기타, 위와 같다.

제4학년 제1급 제1기: 영어학[영문학, 작문, 석해, 강연, 매주 7시간];
수학[대수, 기하, 매주 6시간]; 물리학[중학, 건전론, 수리중학, 매주 3시
간]; 생물학[동물, 매주 3시간]; 화학[기물을 이용하여 그리는 방법, 매
주 2시간]; 화한서[통감남요속편, 문장궤범, 매주 4시간]. 제2기: 수학
[삼각법]; 물리학[열론, 광론]; 화학[무기, 매주 3시간]; 기타, 위와 같다.
제3기: 물리학[자력론, 습전론]; 이재학[대의, 매주 3시간]; 기타, 위와
같다.[다만 제1기에는 화학·이재학이 없고, 제2기에는 생물학·이재학
이 없으며, 제3기에는 생물학이 없다. 수학은 제2·제3기에 매주 3시간
이다.]

교과세목

제1학년
읽기[매주 2시간]

교과서는 점불아의 저서 『독본』3권·4권을 사용한다.

제1학기에는 학생에게 외모를 단정하게 하고 발음을 분명하게 한다.

제2학기에는 문법으로 정해진 구절을 가르치고, 하나의 어조사로부터 하나의 구와 하나의 장에 이르기까지 빠트리지 않고 발음을 정확히 하여 점차 송독의 범위를 넓혀 나간다.

제3학기에는 음성으로 억양에 맞추어 연습하여 듣는 사람에게 감동을 주며, 읽은 책마다 그 뜻을 자세하게 이해하게 한다.

글짓기[매주 4시간]

제1학기에는 학생에게 제목을 정하여 단문을 짓게 하는데 흑판 위에 그것을 쓰게 하고 교원은 오류를 바로잡으며, 매월 1회 일상적인 보통말을 암기하게 한다.

제2학기의 수업법은 이전 학기와 같은데, 교원은 세속의 노래나 말을 첨가하면서 그 의의를 설명한다. 매월 1회 그 말을 암기하게 하고 또 날마다 회화를 연습하게 한다.

제3학기의 수업법도 이전 학기와 같은데, 특별히 일본어와 영어, 두 언어의 체계가 본질적으로 다르다는 점을 지적하여 가르친다. 그러므로 작문에서 오류를 내는 자에게 항상 이것을 주의하게 한다. 회화를 암기하는 것은 이전 학기와 같다.

영문법[매주 2시간]

교과서는 불라옹의 저서 『영국소문법서』를 사용한다.

제1학기에는 단문을 짓는데 사용하는 어사와 품사의 구별을 가르친다. 학생에게 영어 상용어의 화법 및 문법상의 어조사와 다른 종류이면서 같은 의미의 어구를 연습하게 한다.

제2학기에는 어조사의 변화법을 가르치며, 언어 규칙을 연습하는 데 이전 학기와 같다.

제3학기에는 간단한 작문법의 의의와 문장 오류의 교정을 익힌다.

석해[매주 3시간]

교과서는 사유돈의 저서 『만국사략』을 사용한다.

제1학기에는 짧게 인용한 고대 동아시아 및 그리스의 일부분을 가르친다.

제2학기에는 로마 및 중세의 일부분을 가르친다.

제3학기에는 근세의 일부분을 가르친다.

수업 방법은 매 학기마다 조금씩 차이가 있다. 그러나 교원은 오직 일본어로 번역하고 강의하여 학생들이 그 의의를 이해하게 한다.

수학

교과서는 로민손의 저서 『실용산술서』를 사용한다.

제1학기에는 화폐산에서 여러 등급에 이르기까지 가르친다.

제2학기에는 여러 등급에서 백분산에 이르기까지 가르친다.

제3학기에는 백분산에서 비례에 이르기까지 가르치는데 필요한 석의를 가르친다. 또 교과서에서 학생들이 이해할 수 없는 것을 설명하고, 문제를 흑판 위에 게시하여 해석하고 학생들이 스스로 가려서 밝히게 한다.

화학

제1학기·제2학기에는 도화 모범본 가운데 간단하고 쉬운 것에서 여러 기물의 형체와 풀·나무·꽃·과실, 경치 및 사람의 몸을 모사한다.

제3학기에는 여러 기물의 형체 및 여러 물체를 모사하여 그 실제를 자신이 스스로 응용하게 한다.

화한서

교과서는 『일본외사』를 사용한다.

3학기를 통해 학생에게 먼저 교과서를 익숙하게 읽게 한 뒤, 교원이 강의하고, 또 2주에 1회씩 과제를 내어 세상에 널리 통용하는 수간문을 짓게 한다.

제2학년

읽기[매주 2시간]

교과서는 유니은의 저서 『독본』 4권을 사용한다.

제1학기에는 문법에 정해진 구절을 상세하게 설명하고, 또 수사학에서 정해진 구절을 이해할 수 있게 한다.

제2학기에는 학생에게 특별하게 성음의 조화를 연습하게 한다.

제3학기에는 학생에게 마음가짐·자세·행동이 훗날 강연의 사다리 역할을 하게 한다.

영문법[매주 2시간]

교과서는 백라운의 저서 『영국대문법서』를 사용한다.

제1학기에는 학생에게 어조사의 구별 및 변화법을 복습하여 어조사의 본원 및 접속사·조사를 풀이하고 설명할 수 있게 한다.

제2학기에는 위치사의 관용법, 동사를 사용할 때의 연결법, 직접 및 간접 인용법, 그리고 일반 어조사의 종류 등을 가르친다.

제3학기에는 문장의 분별 및 문장 작성의 방법을 설명하고, 또 다른 책의 장구를 뽑아서 기록하고 비평하게 한다. 3학기를 통해 이미 익힌 문법상의 규칙을 실용독본 가운데서 적당한 예를 뽑아 연습하게 한다.

영작문[매주 4시간]

교과서는 격현발의 저서 『작문계제서』를 사용한다.

제1학기에는 구두점 및 작문법을 가르치고, 또 통상적인 과제에서 보통 어조사를 사용하여 간단한 문장을 흑판 위에 쓰게 하고, 교원이 학생 앞에서 교정한다.

제2학기에는 제1학기와 교수법이 대동소이한데, 그 과업이 약간 높은 편이다. 학생에게 규칙 이외에 어조사 및 화법을 수첩에 기록하게 한다. 또 여러 구술 과제를 두어 답하는 말을 하게 하는데, 이는 교원의 질문에 습관적으로 빨리 해석하고 응답하기 위한 것이다.

제3학기에는 과업이 한층 더 높아진다.

석해[매주 2시간]

교과서는 『독본』을 사용한다.

제1학기·제2학기에는 유인은의 『독본』 4권을 사용한다.

제3학기에는 점불아의 『독본』 5권을 사용한다.

수업 방법은 교원이 일본어로 강설하거나 학생에게 번역하여 읽게 함으로써 내용을 통달하고 이해하는 능력을 진전시킨다.

수학

교과서는 로민손의 저서 『실용산술서』와 래토의 저서 『평면기하서』, 그리고 돌토번태아의 저서 『소대수서』를 사용한다.

제1학기에는 산술기하학총론을 마친다.

제2학기에는 기하 제1권을 마치고, 대수의 시작에서 최소공배수까지 가르친다.

제3학기에는 기하 제2권을 마치고, 대수·분수·약방부터 일차방정식까지 가르친다.

수업 방법은 산술 및 대수학에서는 이전에 가르쳤던 여러 과업을 시험 삼아 질문한 뒤 다음번 과업을 설명한다. 시간 여유가 있으면 곧바로 문제를 내어 풀게 하거나 숙제를 내서 연습을 게을리 하지 않게 한다. 기하학에서는 교과서 순서에 따라 이론과 의의를 반복적으로 강의하여 밝히고, 학생에게 명칭·석해 및 정론 등을 암기하게 한다.

지리학

교과서는 막이열의 저서 『자연지리서』를 사용한다.

제1학기에는 지구론을 가르친다.

제2학기에는 공중현상론을 가르친다.

제3학기에는 해양현상·해중생물론 및 육지물산·육상생물론을 가르친다.

수업 방법은 교과서에 그치지 않고 몇 종의 과제를 게시하거나 실물을 보여주고 사물과 현상의 상호관계를 설명하는데, 학생들에게 반드시 교과서를 암송하도록 요구하지는 않는다.

사학

교과서는 사유돈의 저서 『만국사략』을 사용한다.

제1학기에는 고대 동아시아 및 고대 그리스의 역사를 가르친다.

제2학기에는 로마 및 중세사를 가르친다.

제3학기에는 중세 개화사 및 근세사를 가르친다.

수업 방법은 학생에게 긴요한 사항을 암기하게 하고, 교원이 문제를 내어 응답하는 시험을 보며, 또 교과서 가운데 빠진 부분을 다른 책에서 참고하여 뽑아내서 말로 전하여 가르쳐준다.

화학[미술]

수업 방법은 3학기를 통해 학생에게 원근법의 이론 및 응용법, 음영법, 형체·경색·초목화과·인체 및 동물조상, 사지·안면의 비교법 및 골격 등에 근거하여 형체를 모사하고 그대로 옮기는 기술을 익히게 한다.

화한서[일본문학]

교과서는 『일본정기』를 사용한다.

수업 방법은 3학기를 통틀어 제1학년과 대동소이하다. 다만 과업이 점점 높아지면서, 또 2주 1회씩 과제를 내어 한문체에 의거하여 가자

[가나]⁴⁵⁾의 문장을 섞어서 쓰게 한다.

제3학년

수사[매주 4시간]

교과서는 격현발의 저서 『영국작문 및 수사서』를 사용한다.

제1학기에는 영어 연혁의 개략·구두점법 및 비유용법 등과 논문을 가르치고, 제2학년과 함께 작문법을 매주 1회 빠르고 매끄럽게 읽어나가 익히게 한다.

제2학기에는 문체 및 시율편을 가르치고, 또 상업 및 교류를 위해 여러 제목으로 통신문을 짓게 하고 교원이 앞에서 바로 첨삭해 준다. 또 매주 1회씩 강연을 하게 한다.

제3학기에는 제2학기 과업을 복습하고, 또 논문을 한층 더 높은 수준으로 만든다.

석해[매주 3시간]

교과서는 『논문』을 사용한다.

제1학기·제2학기에는 마고열의 저서 『와연희사진』을 사용한다.

제3학기에는 마고열의 편저 『파라무헌법사평론』을 사용한다.

수업 방법은 학생에게 논란을 벌여도 해석하기 힘든 것을 강의하게 하고, 교원은 학생들을 위해 번역하여 강의하며 그 의의를 밝혀준다.

---

45) 가자: 가나(かな; 仮字·仮名)를 말하는데, 가나는 한자(漢字)로부터 영향을 받아 발생한 일본 고유의 음절문자(音節文字)를 말한다.

수학

교과서는 래토의 저서 『평면기하서』와 돌토번태아의 저서 『소대수서』를 사용한다.

제1학기에는 기하 제3권은 머릿장부터 제4장까지, 대수는 이차방정식부터 유기수까지이다.

제2학기에는 평면기하 및 대수초보를 마친다.

제3학기에는 평면기하 및 대수를 복습하게 한다. 모든 학생들에게 전날 배운 과업을 연구하여 밝히게 하거나 또는 문제를 내서 해석하게 하고, 교원은 학생들의 오류를 바로잡아 준다. 학생들이 의심나는 부분이 있으면 질문하게 한 뒤 교과서에서 다음번 과업을 가르친다. 또 다른 책에서 내용을 뽑아내거나 그 자리에서 바로 문제내거나 혹은 숙제를 내어 그 방법을 연습하게 한다.

사학

교과서는 불리만의 저서 『만국사』를 사용한다.

제1학기에는 유럽의 인종기원론부터 로마 멸망까지이다.

제2학기에는 유럽의 각국 홍기론부터 서기 1,300년간이다.

제3학기에는 서기 1,400년간부터 근세까지이다.

수업 방법은 제2학년 사학과 같이 넓게 여러 책을 참고하여 크고 작은 기사를 가려내어 가르친다.

생물학

교과서는 파고사열·유만이 함께 편찬한 『생리서』와 구례의 『교실 및 야외식물편』을 사용한다.

제1학기에는 생리총론·혈행기론·호흡기론·배설흡수론을 가르친다.

제2학기에는 영양기론·운동론·오관효용론·신경계론을 가르쳐서 생리서를 마친다.

제3학기에는 식물대의를 가르친다.

생리의 수업 방법은 교원이 교과서를 강론하여 설명한다. 때때로 인체 골격 및 해부·현도를 본떠 만들어서 해석하며 학생에게 그 이론을 통달하여 알게 한다. 식물학 수업 방법은 교원이 교과서에서 논한 순서에 따라 강설하고 가르치며, 학생에게 초목을 해부하여 그 종속을 판별하게 한다.

화학

제1학기에는 학생에게 베껴 그리는 연습을 하고, 제2학년에는 완전히 갖추지 못한 여러 사물 경치를 배우고 닦아서 자재화법을 마친다.

제2학기·제3학기에는 평면기하도를 배우게 하는데, 교원이 직선·호선·다각형·기타 고등호선의 작성을 가르치고, 학생에게 실제 연습을 하게 한다.

화한서

교과서는 『통감남요정편』을 사용한다.

3학기를 통해 학생에게 교과서를 윤강하게 하고, 교원은 그 오류를 바로 잡아주며, 때때로 애써 공부해도 해석하기 어려운 사상에 대해 질문한다. 또 2주에 1회씩 과제를 내어 한문을 짓거나 한문체에 의거하여 가자의 문장을 섞어서 쓰게 한다.

제4학년

영문학[매주 3시간]

교과서는 암태이오토의 저서『장중영국문학서』를 사용한다.

제1학기에는 교원이 영어의 기원 및 개발을 강의한다. 또 학생에게 조좌아씨로부터 수시로 미이돈씨까지 영국의 저명한 문장가의 전기를 읽게 하여 그 문장을 배우게 한다.

제2학기에는 교원이 영국 희극작문의 기원 및 그 개발을 강의한다. 또 학생에게 제1학기에 준하여 미이돈씨부터 수시로 좌아와아태아소격씨까지 저명한 문장가의 전기를 읽게 하여 그 문장을 배우게 한다.

3학기를 통해 매달 1회 학생에게 학술적인 것은 물론 통상적인 제목으로 글을 짓게 하고, 또 매주 1회 영어로 강연하게 한다.

석해[매주 2시간]

교과서는『논문』을 사용한다.

제1학기에는 사변이씨의『사격론』을 사용한다.

제2학기에는 마고열씨의『미이돈』을 사용한다.

제3학기에는 마고열씨가 평론한 내용과 마이가이무의 저서『귀족고래백전』등을 사용한다.

수업 방법은 제3학년의 석해 시간과 같이, 학생은 어려운 부분을 묻고 교원이 강의한다. 이 등급[제4학년]에서는 모두 영어를 사용한다.

수학

교과서는 돌토번태아의 저서 『대대수서』, 유아손의 저서 『입체기하서』, 점불이의 저서 『대수표』, 돌토번태아의 저서 『소삼각서』를 사용한다.

제1학기에는 입체기하 및 대수를 마친다.

제2학기에는 삼각법 제1절부터 17절까지 배운다.

제3학기에는 삼각법 제18절부터 끝까지 배워 삼각법을 마친다.

수업 방법은 제3학년 때의 수학 시간과 같다.

물리학

교과서는 사거아토의 저서 『물리서』를 사용한다.

제1학기에는 중학·건전론·수리중학을 가르친다.

제2학기에는 열론·광론을 가르친다.

제3학기에는 자력론·습전론을 가르친다.

수업 방법은 교원이 직접 교과서를 강의하고 설명하며, 또 각종 실험을 보여주면서, 학생에게 물리가 확실하게 존재하는 근거를 알게 한다.

화학

교과서는 로사고의 저서 『화학초보』를 사용한다.

제2학기·제3학기에는 교원이 먼저 학생에게 날마다 주어진 과업을 시험 삼아 묻는다. 그 뜻을 이해하지 못하고 대답하지 못하는 자가 있으면, 교원이 직접 강의하여 설명해 주며, 수시로 각종 실험을 보여주어 화학의 진리를 명확하게 알도록 한다.

생물학

교과서는 인가이손의 저서 『교과용동물서』를 사용한다.

제1학기에는 교원이 교과서를 강의하여 설명하며, 간혹 학생에게 시험 삼아 묻는 것에 답변하게 하고, 수시로 실물에 나아가서 설명한 뜻을 명확하게 알게 하여, 이번 학기 가운데 이 과업을 마친다.

이재학

교과서는 화색토의 저서 『소이재서』를 사용한다.

제3학기의 수업 방법은 교원이 교과서에 근거하여 가르친다. 긴요한 과제는 넓게 여러 책을 참고하고 중요한 내용을 뽑아 말로 전하여 가르쳐 학생들에게 그 요령을 훤히 알게 한다.[이 교과는 제3학기에만 가르친다.]

화학

제1학기에는 평사도법을 가르친다.

제2학기에는 음영법을 가르친다.

제3학기에는 평행배경도를 가르친다.

수업의 순서는 제1학기·제2학기에는 교원이 형면을 그리는 이론 및 정사면도의 본원을 설명하고 학생들에게 연습하게 한다. 제3학기에 이르러서는 여러 종류의 모형을 설치하여 학생에게 그 크고 작음을 측량하고 이미 배우고 익힌 과정을 실제로 연습하면서 하나의 제조도를 그리게 한다.

화한서

교과서는 『통감남요속편』 및 『문장궤범』을 사용한다.

3학기를 통해, 『통감남요』는 학생들이 윤독하여 그 의문점을 질문하고, 『문장궤범』은 교원이 강의해 주고 학생들에게 문장의 여러 체재와 여러 법칙을 풀이하고 설명하게 한다. 또 2주에 1회씩 과제를 내어 한문을 짓게 한다.

규칙은 대학교와 같다.

주간 1인, 교원 24인[본국인 21, 타국인 3], 학생 421인[학자금은 스스로 마련한다.]

大學醫學部

沿革

先是設種痘館以西洋醫術樹旋於戶後
學所其冠西洋二字者所以別於漢醫學校
蘭學醫術乃建病院教生徒悉從和蘭方法
學所至元年醫學校病院共屬軍務官為東
年合本校於病院稱醫學校無病院而屬大
大學東校四年單稱東校五年改稱大學區
改稱東京醫學校並長崎醫學校於本校十
大學醫學校教師多聘於獨逸及普國立學
豫科本科藥科教則中置和漢學一科

通則

연혁

먼저 종두관을 설립하여 서양 의술로 강호에 기치를 세웠는데 나중에 서양의학소로 고쳐 불렀다. 서양 두 글자를 앞에 놓은 것은 한의학교와 구별하기 위해서이다. 사람을 네덜란드에 보내 의술을 배우고 귀국하여 병원을 세워 학생을 교육할 때 모두 네덜란드의 방법을 따랐다. 나중에 간단하게 의학소라고 부르다가, 주군 원년[명치 1년, 1868]에 이르러 의학교와 병원을 함께 군무관에 소속시키고 동경부 관할로 했다.

명치 2년(1869)에 본 학교를 병원과 합쳐 의학교 겸 병원이라 부르고 대학교에 편입시켰다. 나중에 또 대학동교라고 부르다가 명치 4년(1871)에는 간단하게 동교라 불렀다.

명치 5년(1872)에는 대학구의학교로 고쳐 불렀고, 7년에는 동경의학교로 고쳐 부르며 본교를 장기[나가사키]의학교와 나란히 했다.

명치 10년(1877)에 비로소 동경대학의학교라 부르고, 독일 및 보국[46]에서 교사를 많이 초빙했다. 교육과정을 정하여 다시 예과·본과를 개설하고 예과의 교과목 가운데 화한학 한 과목을 두었다.

통칙

1. 본 학부는 의학을 가르치기 위해 설치하여 대학의 일부로 삼고 문

---

46) 보국: 보국(普國)은 보로사(普魯斯)·보로서(普魯西)라고도 하는데 프로이센을 가리킨다. 독일 북동부 지방에 자리하고 있는 프러시아(Prussia)를 말한다.

부성이 관할하며, 제약학 과정 및 의원도 이에 소속시킨다.

1. 교육과정을 둘로 나누어 의학 본과와 예과라 한다.[단, 의학은 제반 학과와 연관되기 때문에 수준 높은 중학의 학과를 이수하지 않으면 그 진정한 뜻을 이해하기 어려우며, 진실로 의학에 종사하려는 자는 미리 중학 과정을 밟아 이수해야만 한다. 그러나 오늘날[명치유신 당시] 수준 높은 중학교가 있지 않기 때문에 일반적으로 본 학부 가운데 교육과정을 설치하여 수준 높은 중학의 학과를 가르치는데, 이를 '예과'라고 하며, 전문 의학의 교육과정을 따르며 가르치는 것을 '본과'라고 한다.]

1. 예과의 학기는 5년으로 하며, 의학 본과의 학기는 5년으로 한다.[단, 오늘날 이 학기에 따라 가르치는 자는 오직 독일어를 사용한다.]

1. 본 학부 내에 따로 교육과정을 설치하여 일본어로 의학의 여러 과목 및 제약학을 가르치는데, 이 학생들을 임시로 통학생이라고 부른다.

1. 학생으로 예과에 입학하려는 자는 그 나이가 14세 이상, 20세 이하로 소학 과정을 졸업한 자에게 허가한다.

1. 예과를 졸업한 자는 소정의 시험을 통과한 뒤에 본과에 입학하는 것을 허가한다.

1. 학기·휴업·증서수여 등의 규정은 다른 학교와 같다.

예과과정

5등급 제1학년

하급: 습자, 철자, 산술, 독방, 역독, 화한학.

상급: 독방, 문법, 작문, 지리학, 분수, 화한학.

4등급 제2학년

하급: 문법, 작문, 지리학, 분수문제, 분수, 화한학.

상급: 문법, 작문, 지리학, 비례, 소수, 화한학.

3등급 제3학년

하급: 독일어학, 산술, 지리학, 기하학.

상급: 독일어학, 산술, 박물학, 지리학, 기하학.

2등급 제4학년

하급: 독일어학, 라틴어학, 박물학, 대수학, 기하학.

상급: 아래 등급과 같다.

1등급 제5학년

하급: 독일어학, 라틴어학, 동물학, 식물학, 광물학, 대수학.

상급: 독일어학, 라틴어학, 식물학, 광물학, 동물학, 대수, 삼각술, 대수학.

본과과정

5등급 제1학년

하급: 물리학, 화학, 의과동물학, 해부학.

상급: 물리학, 화학, 의과식물학, 각부해부학, 조직학.

4등급 제2학년

하급: 물리학, 화학, 실지해부학.

상급: 물리학, 화학, 현미경용법, 생리학.

3등급 제3학년

하급: 외과총론, 생리학, 생리학실습.

상급: 외과총론, 내과총론 및 병리해부, 약물학, 독물학, 제제학실습, 분석학실습.

2등급 제4학년

하급: 외과각론, 병리각론, 외과임상강의, 내과임상강의.

상급: 아래 등급과 같다.

1등급 제5학년

하급: 외과각론 및 안과학, 병리각론, 외과임상강의, 내과임상강의.

상급: 외과각론 및 안과학, 병리각론, 외과임상강의, 내과임상강의, 외과수술실습.

제약학 교육과정 규칙

1. 본 교육과정의 학생은 예과 과정을 마친 자가 아니면 입학을 허가하지 않는다.

1. 교육과정은 3년으로 하고, 1등급의 과정은 6월이며, 매 학기 마지막에 과업을 시험한다.

제약학 본과 과정

3등급 제1학년

하급: 물리학, 약용동물학, 광물학, 화학.

상급: 물리학, 약용식물학, 무기화학, 현미경학.

2등급 제2학년

하급: 물리학, 화학, 약품학, 제약화학, 정성분석학.

상급: 물리학, 유기화학, 약품학, 제약화학, 정성분석학.

1등급 제3학년

하급: 제약실습, 약물시험실습.

상급: 약국조제실습.

통학생 규칙

본 학부 가운데 별도로 통학생 교육과정을 설치한다. 의학 3학년 반부터 4학년까지나 제약학 2학년이 학과의 기한이 된다. 대개 나이가 많아 외국어학·수학·라틴어학 등을 이수할 겨를이 없는 자와 특별한 사정이 있어 오랫동안 학교에 나오지 못한 자에게 일본어로 그 핵심 내용을 가르친다.

의학 통학생 교육과정

제1학기: 물리학, 화학, 해부학.

제2학기: 화학, 동식물학, 해부학.

제3학기: 생리학, 생리총론.

제4학기: 약물학, 붕대학, 처방 및 조제학, 내과통론, 외과통론.

제5학기: 내과각론, 외과각론, 내과임상강의, 외과임상강의, 안과학, 진단법.

제6학기: 내과각론, 외과각론, 외과임상강의, 안과임상강의, 내과임상강의.

제7학기: 내과임상강의, 외과임상강의, 부인병론, 산과학.

제8학기: 내과임상강의, 외과임상강의, 재판의학, 위생학.

제약학 통학생 교육과정

제1기: 물리학, 무기화학, 식물학.

제2기: 유기화학, 약품학, 금석학, 동물학.

제3기: 약품학, 제약화학, 독물학분석법, 조제법.

제4기: 제약국실습.

종리 2인, 교원 44인[본국인 3, 타국인 9], 학생 1,395인[학자금은 1개월에 4원부터 6원까지이고, 국비로 지원하는 학생은 70인이다.]

부칙 병원규칙

1. 입원하여 들어가는 비용은 상·중·하 등급의 분별이 있다.

1. 상등·중등의 병실 식료도 모두 차별이 있고, 약품에서도 상·중·하 세 등급에 이르지만, 똑같이 치료한다. 하등에 입원하여 드는 비용은 그 숫자를 줄여 실제 치료 과정에서 학생들이 실습할 수 있게 하며, 교사 및 수의원의 지휘에 구애가 없게 한다.

1. 입원 중에는 의원 간병인의 말을 위배하지 않으며, 병실 법도를 굳게 지킨다.

1. 신체 의복은 항시 마음을 써서 더러워지지 않도록 한다.

1. 회진 전에는 허리띠나 단추 등을 풀지 않으며, 침상을 떠나지 않고 진찰 시기를 기다려야 한다.

1. 회진 중에는 이야기 및 흡연을 하지 말며, 병에 해로운 일을 하지 않는다.

1. 음식물은 의원의 허락을 받지 않고 멋대로 먹어서는 안 된다.

1. 실내에서 큰소리를 내거나 책을 읽어서는 안 된다.

1. 부득이한 일로 다른 곳에 나갈 때는 의원의 지휘를 받아야 한다.

1. 시끄럽게 말다툼을 하거나 금은화를 빌리는 등은 일체 엄금한다.

1. 간병인에게 금전·물품 등은 일체 주어서는 안 된다.

1. 남녀의 병실은 서로 왕래해서는 안 되며, 볼 일이 있으면 간병인과 동행한다.

1. 위의 조목을 지키지 않는 자는 곧바로 퇴원시킨다.

1. 병을 치료하는 자의 입원은 1개월에 한하며, 약과 음식물 등 치료

에 필요한 물품을 일체 병원으로부터 준비된 것을 받는다.

1. 새로 들어온 환자가 있으면 약용법 및 병실의 모든 규칙을 자세하게 일러준다.

1. 환자에게 사용할 수 있는 의료 기계와 물품은 회진 전에 준비하여 때에 닥쳐 어려움이 없게 한다.

1. 약병 및 식기 등은 깨끗하게 씻으며, 환자의 소지품은 깨지고 망가지지 않도록 한다.

1. 친족이나 친구 중에 간호하러 온 자가 병실 안에 머물러 자게 되면 사무국에 신고한다.

師範學校

沿革

日主五年、朔設為文部省直轄六年置附屬

實地教小學生徒之方法、當時本攷為專攷

科即授業法之制、本科外更設餘科至七年

師範學科以豫修可為教員之學業為豫科

成後學授業方法為本科合此二科稱師範

設中學師範學科甫後並置中小學師範學

月蓋革校制以類分諸學科為格物學史學

文學藝術之五學又大別全科為豫科高等

三科、豫科高等豫科各分四級、本科分上下

直八本科卒業者為適小學教員者、經豫科

연혁

일본 주군 5년(명치 5년, 1872)에 창설하여 문부성 직할로 했다. 명치 6년(1873)에는 부속 소학교를 설치하고 교육현장에 나아가 소학교 학생들을 가르치는 방법을 배웠다. 당시 본교는 소학사범을 전공하기 위해 본과를 설치하여 수업 방법을 제정해 나갔고 본과 이외에 나머지 과도 설치했으나 명치 7년(1874)에 이르러 폐지했다.

이후 소학사범학과로 고쳐 교원이 될 수 있는 학업을 미리 이수하는 것을 예과라 하고, 예과의 학업이 어느 정도 이루어진 뒤, 구체적인 수업 방법을 배우는 과정을 본과라고 하며, 이 두 과를 합쳐서 사범학교라고 불렀다.

명치 8년(1875)에 중학사범학과를 신설하고, 아울러 중소학사범학과를 설치했다.

명치 12년(1879) 2월에 학교제도를 고쳐 여러 학과로 분류했는데, 격물학, 사학 및 철학, 수학, 문학, 예술의 5개 학과로 만들었다. 또 전학과를 크게 예과, 고등예과, 본과의 3개로 나누고, 예과와 고등예과는 각각 4등급으로, 본과는 상·하 2등급으로 나누었다.

예과에서 바로 본과에 들어와 졸업한 자는 소학 교원으로 적합한 자가 되고, 예과와 고등예과를 거쳐 본과에 들어와 졸업한 자는 중학 교원에 적합한 자가 된다.

규칙

1. 본교는 전문적으로 보통 학과[소학·중학]의 교원이 될 수 있는 자를 양성하는 장소이다.

1. 부속 소학교는 본교의 학생에게 실제 교육현장에서 연습하기 위해 설치한 것이다.

1. 학년은 9월 11일에 시작하여 7월 10일에 마친다.

1. 학기는 전학기가 9월 11일에 시작하여 2월 15일에 마치며, 후학기가 2월 23일에 시작하여 7월 10일에 마친다.

1. 과정의 구분은 본교 교과과정을 크게 나누어 셋으로 했는데, 예과, 고등예과, 본과가 그것이다.

1. 등급 순서는 예과 및 고등예과 가운데 각각 4등급을 두어 최하 제4급이 되고 최상이 제1급이 된다. 또 본과 가운데 2등급을 두어 하급·상급으로 했다.

1. 수학[재학] 기한은 예과 및 고등예과는 각각 2년을 기한으로 하고, 본과는 1년을 기한으로 한다. 매 등급마다 학기 이수를 반년 단위로 하므로 한 학기 18주이고, 수업은 매일 5시간이므로 1주 28시간이다.[토요일 오후는 계산하지 않는다.]

교과세목

예과 제4급

화학: 수많은 실험을 통해 비금속 모든 원소 및 그 긴요한 화합물의 제조법·성질 등을 가르친다.[매주 3시간]

물리학: 여러 가지 자연력의 응체·유체·기체의 성질과 운동체·전동체·열체 및 기전체의 약론을 모두 강론한다.[매주 3시간]

지지: 지구의 및 지도의 해설, 광열의 산포, 지면의 형상, 공기의 현상, 여러 대주의 생물 약론을 가르치고, 또 아시아·유럽 두 주의 위치·형적·지세·기후·금석·동물·식물 및 일본·기타 각국의 위치·지리·생업·산물·도부·시읍·정체·풍속의 개론을 가르친다.[매주 4시간]

산술: 백분산, 여러 비례를 가르친다.[매주 4시간]

화한문: 『통감남요』 1권에서 8권까지 읽고 익히게 하고, 아울러 가자를 섞은 문장을 짓게 한다. 『어휘지장도 및 별기』에 의거하여 어격을 가르치고, 또 『신황정통기』를 읽게 한다.[매주 4시간]

영문: [강독] 『제3리토아』 및 지리서 등에서 요령을 발췌하여 번역하여 읽게 한다.[다만 이 과목은 오로지 글자의 뜻과 문장의 뜻을 풀이하는 데 주력하며 아래도 이에 따른다.] [문법] 어류 및 그 분해를 배우게 한다. [작문] 간이한 문장을 지어서 문법을 익숙하게 익히도록 한다.[매주 3시간]

도화: [임화] 곡선·직선, 단형 등을 익히도록 한다.[매주 2시간]

체조: 맨손연습, 아령, 주간, 곤봉연습, 정렬진행을 익히도록 한다.[매주 5시간]

예과 제3급

화학: 두루 있는 금속의 여러 원소 소재의 채수법과 성질·용법 등의 개략을 가르친다. 또 실험을 통해 화합물의 제조법을 가르친다.[매주 2시간]

식물학: 식물의 모든 부분의 생육 약설과 모든 식물의 특수 부분·수성·효용 등을 가르친다.[매주 3시간]

지지: 아프리카·남북아메리카·오스트레일리아 등 여러 대륙의 위치·지리·생업·산물·도부·시읍·정체·풍속을 가르친다.[매주 2시간]

역사: [일본역사] 신무천황부터 금상천황까지 『역대사승』의 개략을 가르친다.[매주 3시간]

산술: 승방, 개방, 구적법을 익힌다.[매주 1시간]

대수학: 정수사술, 분수사술을 익힌다.[매주 3시간]

화한문: 『통감남요』 9권부터 15권까지와 『청사남요』 1권을 읽고 익히게 하며, 아울러 가자를 섞은 문장을 짓게 한다. 『어휘지장도 및 별기』에 의거하여 어격을 가르치고, 또 『신황정통기』 등을 읽게 하며, 아울러 간이한 화문을 짓게 한다.[매주 4시간]

영문: [강독] 『제3리토아』 및 지리서·식물서 등의 요령을 발췌·번역하여 읽게 한다. [문법] 앞의 등급과 같다. [작문] 지리·식물 등의 기문을 짓게 한다.[매주 3시간]

도화: [임화] 기구·가옥류의 윤곽을 이해한다. [기하화법] 기계용법과 곡선·직선 및 단형에 속하는 여러 주제를 모두 강론한다.[매주 2시간]

체조: 앞의 등급과 같다. [매주 5시간]

예과 제2급

동물학: 척수가 없는 것 및 척수가 있는 모든 동물의 구조·성습 등을 가르친다.[매주 3시간]

생리학: 골격·근육·피부·소식기·순혈기·호흡기·신경 및 감각 등의 개론을 가르친다.[매주 3시간]

역사: [중국역사] 태고 삼황오제 이하부터 명나라 말기에 이르기까지 연혁의 개략을 가르친다.[매주 2시간]

기부법: 상업 용지류, 단기법, 복기법을 익히도록 한다.[매주 2시간]

대수학: 일원일차방정식, 다원일차방정식, 승방 및 개방을 익히도록 한다.[매주 3시간]

기하학: 직선론을 익히도록 한다.[매주 2시간]

한문: 『청사남요』 2권에서 대미까지와 『문장궤범』 정편을 읽고 익히게 하며, 아울러 한문을 짓게 한다.[매주 2시간]

영문: [강독] 『제4리토아』·동물서·생리서 등의 요령을 발췌하여 번역하여 읽게 한다. [문법] 사상 및 문장 분해를 배우게 한다. [작문] 동식물 등의 기문을 짓게 한다.[매주 3시간]

도화: [임화] 앞의 등급과 같다. [기하화법] 비례, 경면타원선, 포물선 등 여러 주제를 익히도록 한다.[매주 3시간]

체조: 앞의 등급과 같다.[매주 5시간]

예과 제1급

물리학: 물·력·동의 통론이다. [중학] 중력, 타하체, 요추, 권형 등이다. [수학] 정수학, 아씨이론 및 그 응용수력 평균 등이다. [기학] 기체

성질·그 장력의 측정·공기·기압 및 여러 기구 등에 관한 것이다. [열학] 한서침, 물질 팽창의 이론, 용해·고실·기발·응결의 이론, 험습학·외사열·정열학·용열술·증기기관·지열 등이다.[매주 5시간]

역사: [서사] 태고·중고·근세 연혁 개략을 가르친다.[매주 3시간]

경제학: 생재·배재·교역·반조세 등의 개략을 가르친다.[매주 2시간]

대수학: 근수식, 일원이차방정식, 이원이차방정식을 익히도록 한다.[매주 3시간]

기하학: 면적론 및 비례를 익히도록 한다.[매주 2시간]

성학: 총설, 지구 및 태음의 운동, 태양계, 모든 유성, 태양 및 다른 항성 약론 및 천체 위치 정하는 방법 등의 개략을 가르친다.[매주 3시간]

영문: [강독] 『제4리토아』·물리서·역사 등의 요령을 발췌하여 번역하여 읽게 한다. [문법] 구두법을 가르쳐서 오로지 문장의 오류를 교정하게 한다. [작문] 역사 가운데 저명한 인물의 약전을 짓게 한다.[매주 2시간]

도화: [투시화법] 기구·가옥 등의 윤곽을 모두 강론한다. [투영화법] 점선투영법·평면시도·단면시도·점선 등을 강론한다.[매주 3시간]

체조: 앞의 등급과 같다.[매주 5시간]

고등예과 제4급

물리학: [청학] 음향의 발생 및 전달, 전동수의 측정, 여러 물체전동, 음악이론이다. [시학] 빛의 발생, 반사 및 곡절, 시학의 여러 기구, 광선분해, 물색, 광파론, 광선분극법이다.[매주 3시간]

지문학: 지구총론, 지피약설, 육지형세, 대기·광열·전자 등의 현상개

략을 가르친다.[매주 2시간]

논리학: 각 명칭·성문·명제·연제·허설·분해법·합성법·귀납법 등을 모두 강론한다.[매주 3시간]

대수학: 비례, 순착례, 수학급수, 기하급수.[매주 2시간]

기하학: 원론 및 잡문이다.[매주 3시간]

화한문: 『사기논문열전』 61권에서 93권까지 읽고 익히게 하며, 아울러 한문을 짓게 한다. 또 『언엽지팔구』·『천인원파지간』·『문예유찬』·『문지부』 등을 가르치며, 아울러 화문을 짓게 한다.[매주 4시간].

영문: [강독] 『제5리토아』 및 다른 책 가운데 명문을 발췌하여 번역하여 읽게 한다. [수사] 총론 및 여러 법칙 등을 배우게 한다. [작문] 화문을 영역하고, 아울러 논문을 짓게 한다.[매주 3시간]

도화: [임화] 산·수·금·수·초·목 등의 대영밀화이다.[매주 3시간]

체조: 앞의 등급과 같다.[매주 5시간]

고등예과 제3급

물리학: [자기학] 자기성질, 대지자기 흡인력 및 거반력법칙, 자기를 일으키는 방법 등이다. [전기학] 통상 있는 현상, 전기의 유도, 전기력의 측정, 전기를 일으키는 기구 및 소속된 시험, 축전기·측전기 등, 습전기 및 소속된 여러 기구, 전기화학 등이다.[매주 3시간]

식물학: 식물상기·유별의 이론, 식별전의 용법이며, 아울러 현미경을 사용하는 학문으로 식물의 조직을 가르친다.[매주 3시간]

지문학: 해수론, 해륙생물론, 물산 및 인류개론을 가르친다.[매주 2시간]

경제학: 생재론, 배재론, 교역론, 조세론 등을 가르친다.[매주 3시간]

삼각술: 팔선변화, 대수용법, 삼각실산을 익히도록 한다.[매주 3시간]

화한문:『사기논문열전』94권부터 대미까지 읽고 익히게 하며, 아울러 한문을 짓게 한다. 또 『언엽지팔구』·『천인원파지간』·『문예유찬』·『문지부』 등을 가르치며, 아울러 화문을 짓게 한다.[매주 4시간]

영문: [강독] 앞의 등급과 같다. [수사] 앞의 등급과 같다. [작문] 화문의 영역을 배우게 하고, 아울러 지문학·경제학·논문 등에 관하여 짓게 한다.[매주 3시간]

도화: [임화] 앞의 등급과 같다. [투시화법] 가옥·당문의 윤곽 및 촉광음영 등이다. [사생] 모형윤곽, 기구음영 등이다.[매주 2시간]

체조: 앞의 등급과 같다.[매주 5시간]

고등예과 제2급

화학: 유기물 중에 온갖 장인이 제조한 것 및 특히 화학상에 관계된 것 등을 반드시 요구한다. 아울러 정성과 분석하는 것에 필요한 것과 산류 및 여러 금속의 감식법을 가르친다.[매주 3시간]

금석학: 물리적 금석학, 화학적 금석학, 기실금석학, 식별금석학을 가르친다.[매주 4시간]

동물학: 동물강목개론을 가르쳐서 각종을 해부하게 하고 그것을 표모동물로 삼아 오로지 실물에 임하여 그리게 한다.[매주 4시간]

역사: [총론] 구주의 지세 및 인종론, 인도교·이집트 및 개화개략이다. [희랍] 의단의 세대, 신교의 세대, 도리의 세대, 지력 쇠퇴의 세대이다. [로마] 사학 및 철학의 형세와 흐름을 가르친다.[매주 3시간]

측량술: 기계용법, 제도법, 실지측량 등을 익히도록 한다.[매주 2시간]

한문: 당·송 8대가 명문을 가려 뽑아서 모두 150편을 읽고 익히도록 하며, 아울러 한문을 짓게 한다.[매주 2시간]

영문: [영문학] 영어 연혁 및 영국·미국의 여러 대가의 시·부·산문 등을 배우게 하고, 아울러 여러 대가의 전기를 읽게 한다. [작문] 개화사 중의 사적으로 논문 등을 짓게 한다.[매주 3시간]

도화: [사생] 앞의 등급과 같다. [제도] 회도법이다.[매주 2시간]

체조: 앞의 등급과 같다.[매주 5시간]

고등예과 제1급

화학: 실제에 나아가, 전기에 강의하여 가르친 여러 원소 감식법을 연구하게 한 뒤, 단순 염류의 용액이나 혼합물로써 정성과 분석을 배우게 한다. 또 분석법과 성과를 기록하여 교원의 검열을 구하도록 한다.[매주 3시간]

생리학: 현미경을 사용하는 학문으로, 피부·근육·골수·신경 등의 조직이다.[매주 3시간]

지질학: [역학적 지론] 기력, 수력, 화력, 생력을 가르친다. [지질조구론] 대지조구, 성층석, 불성층석, 변질석, 보통 있는 마멸 등의 내용과 지질 및 생물변천사로, 태고대·고생대·중고생대·신생대·인대를 가르친다.[매주 5시간]

역사: [구라파] 의단의 세대, 신교의 세대, 동부 폐교의 세대, 서부 신교의 세대, 도리의 세대를 가르친다.[매주 3시간]

성학: 성학변천사, 보통 있는 중력, 망원경 해설 및 실용, 천체 거리

측도, 광선운동, 삼릉파리경의 사용, 태양계의 조구, 태양내곽유성·외곽유성·혜성 및 운석을 가르친다.[매주 4시간]

한문: 당·송 8대가의 명문을 가려 뽑아서 모두 150편을 읽고 익히게 하며, 아울러 한문을 짓게 한다.[매주 2시간]

영문: [영문학] 앞의 등급과 같다. [작문] 앞의 등급과 같다.[매주 3시간]

체조: 앞의 등급과 같다.[매주 5시간]

본과 하급

물리학: 물성, 중학, 기학, 수학 등의 부문에서 오로지 교수술을 연습하고, 아울러 기계의 용법을 배우게 한다.[매주 3시간]

금석학: 금석 실물을 사용하여 그 교수술을 연습한다.[매주 1시간]

식물학: 보통 있는 화훼·초목을 채집하여 그 교수술을 연습한다.[매주 1시간]

동물학: 보통 있는 동물을 사용하여 그 교수술을 연습한다.[매주 1시간]

지지: 지도 및 지구의의 용법, 지문학 초보, 여러 대주 및 각국 지지를 교수하는 방법을 연습한다.[매주 2시간]

심리학: [지]: 표시력, 재현력, 반사력, 도리에 대해 가르친다. [정]: 욕, 성, 망, 애, 의 및 덕에 대해 가르친다.[매주 5시간]

교육학: 심육·지육·체육의 이론, 실물 학과인 독방, 작문, 서법, 화법, 산술, 지지, 역사 및 창가 등의 교수법을 강의하여 가르친다.[매주 4시간]

학교관리법: 학교관리의 목적, 교구정치법, 분급법, 과정표, 제법, 교부정돈법, 기계·교사·원정 등 여러 가지 및 학생 위의 등에 관한 것을 익히도록 한다.[매주 2시간]

산술: 수·기수법, 합산·결산 관계 등의 교수술을 연습하게 한다.[매주 2시간]

기하학: 점·선·각·면·용·형·체의 성질·관계 등에서 그 교수술을 연습하게 한다.[매주 3시간]

도화: 여러 가지 화법의 교수술을 연습하게 한다.[매주 1시간]

서법: 교수의 순서 및 붓 쓰는 방법 등을 연습하게 한다.[매주 반시간]

독법: 단어, 연어, 독본 등에서 독법의 교수술을 연습하게 한다.[매주 1시간]

창가: 8음 변화에 관한 가곡에서 모두 50곡으로 그 교수술을 연습하게 한다.[매주 1시간]

체조: 유아체조술, 남자체조술, 여자체조술 등을 교수하는 방법을 연습하게 한다.[매주 반시간]

본과 상급
실제 현장수업: [매주 28시간]

입학규칙

1. 지원자는 연령, 신체 및 지망에 필요한 구비사항을 기재한다. 또

시험 과목에 응시하여 요구되는 학력을 충족해야 한다. 연령은 16세 이상 22세 이하이고, 신체는 병이 없고 건강하며 재학 중에 집안일에 얽매이지 않는 자여야 한다. 지망은 소학교나 중학교 교원이 되려고 하는 자이다.

1. 입학 시험과목은 화한문, 영문, 산술[대수초보], 일본 및 각국지지, 일본역사, 물리학대의이다.

1. 임시시험은 그 학과의 진도 정도에 따라 1학기 내에 3도 이상, 6도 이하의 범위에서 각 교원이 역량을 보고 시행한다.

1. 정시시험은 매 등급에서 각 학과 과정을 수료할 때 매번 기일을 정해 전체 내용을 시험한다.

1. 시험 평점 조사는 학기말에 이르러 해당 학기 내의 모든 시험의 평점수를 합계하여 각 과목의 점수를 정하는 방법으로 한다.

1. 등급의 진급은 어떤 학과를 막론하고 학기말에 조사한 점수가 60점 이하인 자와 또 1학기 내에 60일 이상 수업을 결석한 자는 허가하지 않는다.

1. 졸업생 가운데 예과를 거치지 않고 직접 본과에 입학하여 졸업한 자는 소학 교원이 되고, 예과 및 고등예과를 거쳐 본과에 입학한 자는 중학 교원이 된다.

1. 휴업기일[방학]은 다른 학교와 같다.

1. 학자금[장학금]은 학생 1명마다 1개월에 금 6원을 주기로 정하되, 학교에 있는 일수가 1개월 미만인 자는 날짜를 계산하여 지급한다.

1. 학교에서 퇴학을 명한 자 및 퇴학을 원한 자가 이미 학자금을 받았으면 모두 변상한다.

교장 1인, 교원 16인, 학생 163인이다.[학자금은 매달 6원이며, 모두 관청에서 지급한다.]

부속소학교 규칙

1. 크게 상·하 2등급으로 나누어 각각 8등급을 두되, 최하는 제8급이고 최상은 제1급이다.

1. 등급마다 수학[재학] 기간은 반년으로 제한하는데, 모두 18주간이다.[모든 휴업일을 계산하여 넣는다.] 그러므로 재학 연도는 상·하급을 통틀어 8년으로 제한한다.

1. 수업시수는 일반적으로 매일 5시간으로 1주일에 28시간이다.[토요일은 반일을 계산하여 넣는다.] 단, 하등 제8급의 수업시수는 매일 4시간으로 1주에 23시간이다.

1. 수신담 1과목은 25분의 시간을 주어 매일 아침 학교를 열 때 강의하며, 창가 및 체조 1과목은 30분의 시간을 주어 격일로 나누어 가르친다. 기타 여러 과목은 한 과목당 45분의 시간을 주는데, 재봉과 기하학 수업은 같은 시간에 수업하여 남학생이 기하학 시간이면 여학생은 재봉을 학습하는 시간으로 채운다.

1. 상등급 소학 제6급 이상의 학생은 그 지망에 따라 영문이나 한문을 익히고 배울 수 있다.

1. 지원자는 화족·사족 및 평민 등 어떤 계급계층을 막론하고 연령이 6세 이상, 7세 이하라야 한다.

1. 시험은 소시험과 정시시험의 두 가지로 나눈다. 소시험은 각 교과에서 모두 1개월간 수업한 부분에 대한 시험이고, 정시시험은 매 학기 마지막에 해당 학기 내에 수업한 내용 전체에 대한 시험이다.

1. 매 등급마다 졸업자는 제1호 증서를 수여하며, 전 교과목 졸업자는 제2호 증서를 수여한다.

― 소학교 교칙

하등 제8급[1주 내의 과업수이다.]

독서: [독법] 이여파[47], 오십음[48], 차청음, 탁음으로 한다.[매주 4시간]; [작문] 가라[가나] 인공물의 기사 짓기이다.[매주 2시간]

습자: 편가명[49]과 평가명[50]이다.[매주 3시간]

실물: [수목] 실수명칭·계방이니 가감·승제이다.[매주 4시간]; [색채] 본색과 간색이다.[매주 2시간]; [위치] 여러 무건 위치의 관계이다.[매주 2시간]; [동물] 인체 각 부분의 명칭·위치·효력이다.[매주 2시간]; [인공물] 전체 및 부분의 명칭·위치·효력이다.[매주 2시간]

---

47) 이여파: 이로하(伊呂波)는 이로하우(以呂波)라고도 하는데 이로하우따(いろは歌) 47글자의 총칭이다. 습자의 첫 부분에서 이로하(いろは)를 배우기 때문에 초보, 혹은 첫걸음이라고도 한다. 이 47글자에 음(ん) 또는 쿄(京, きょう)를 추가하여 48글자로 하는데, 습자교본의 글자이다.

48) 오십음: 고주우옹(五十音)은 가나(仮名)로 적은 일본어 50개의 음을 말한다.

49) 편가명: 편가명(片假名)은 일본 문자의 하나인 가다가나이다. 한자의 일부분을 떼어 만든 표음 문자로 모두 46자이다. 글자 모양이 직선적이며 외래어 표기나 의태어 및 의성어를 강조할 때 사용한다.

50) 평가명: 평가명(平假名)은 일본문자의 하나인 히라가나이다. 한자의 초서체를 기초로 만든 표음 문자로 모두 46자이다. 글자 모양이 곡선적이며 일본의 고유어나 한자로 쓰기 곤란한 보조적인 어미, 부사, 조사를 표기하는 데 쓰인다.

수신: 소설과 우언 등, 권선대의구론이다.[매주 6시간]

괘화: 직선 단형화이다.[매주 2시간]

창가: (해당부분 내용이 빠졌다.)[매주 3시간]

체조: 사지운동이다.[매주 3시간]

제7급[1주 내의 과업수이다.]

독서: [독법] 간이한 가라 문장 및 한자가 섞인 문장이다.[매주 6시간]; [작문] 앞의 등급과 같다.[매주 2시간]

습자: 행서이다.[매주 3시간]

실물: [수목] 앞의 등급과 같다.[매주 6시간]; [색채] 앞의 등급과 같다.[매주 1시간]; [형체] 면, 선, 각의 명칭·종류이다.[매주 2시간]; [위치] 방위 및 여러 지점이다.[매주 2시간]; [식물] 보통 초목의 전체 및 부분·명칭·위치·효용이다.[매주 2시간]; [인공물] 앞의 등급과 같다.[매주 2시간]

수신: 앞의 등급과 같다.[매주 6시간]

괘화: 앞의 등급과 같다.[매주 2시간]

창가: 앞의 등급과 같다.[매주 3시간]

체조: 앞의 등급과 같다.[매주 3시간]

제6급[1주 내의 과업수이다.]

독서: [독법] 『소학독본』1권·2권이다.[매주 4시간]; [작문] 가라의 가축·가금·정수·원초의 기사이다.[매주 2시간]

습자: 앞의 등급과 같다.[매주 3시간]

실물: [형체] 삼각형·사각형의 명칭·종류·부분이다.[매주 2시간]; [위치] 학실 내의 여러 물건의 위치와 그 약도를 측정하는 것이다.[매주 2시간]; [광물] 칠금·잡금의 명칭·성질·효용이다.[매주 2시간]; [동물] 가축·가금의 명칭·부분·상습·효용이다.[매주 3시간]; [인공물] 앞의 등급과 같다.[매주 2시간]

산술: [필산] 백 이하 수의 가산·감산이다.[매주 6시간]

수신: 앞의 등급과 같다.[매주 6시간]

괘화: 곡선 단형화이다.[매주 2시간]

창가: 앞의 등급과 같다.[매주 3시간]

체조: 앞의 등급과 같다.[매주 3시간]

제5급[1주 내의 과업수이다.]

독서: [독법] 『소학독본』2권·3권이다.[매주 6시간]; [작문] 한자를 섞은 문장인 칠금·잡금·과실·나과의 기사와 또 서식류의 말이다.[매주 2시간]

습자: 앞의 등급과 같다.[매주 3시간]

실물: [형체] 다각형·원형·타원형·난형의 명칭·종류·부분이다.[매주 2시간]; [도량] 척도·칭량의 명칭·관계·실용이다.[매주 3시간]; [위치] 학실 외의 여러 물건의 위치와 그 약도를 측정하는 것이다.[매주 2시간]; [식물] 과실·나과의 명칭·부분·효용이다.[매주 3시간]; [인공물] 앞의 등급과 같다.[매주 2시간]

산술: [필산] 천 이하 수의 가산·감산이다.[매주 3시간]

수신: 앞의 등급과 같다.[매주 6시간]

괘화: 앞의 등급과 같다.[매주 2시간]

창가: 앞의 등급과 같다.[매주 3시간]

체조: 앞의 등급과 같다.[매주 3시간]

제4급[1주 내의 과업수이다.]

독서: [독법] 『소학독본』4권이다.[매주 4시간]; [작문] 한자를 섞은 문장인 야생동물·가용광물의 기사와, 또 서식류의 말이다.[매주 2시간]

습자: 해서이다.[매주 3시간]

실물: [형체] 여러 형체의 명칭·종류·부분이다.[매주 2시간]; [도량] 앞의 등급과 같다.[매주 2시간]; [위치] 앞의 등급과 같다.[매주 2시간]; [광물] 가용광물의 명칭·성질·효용이다.[매주 2시간]; [동물] 야생동물의 명칭·부분·상습·효용이다.[매주 3시간]; [인공물] 앞의 등급과 같다.[매주 2시간]

산술: [필산] 백 이하 수의 승산·제산이다.[매주 4시간]

수신: 앞의 등급과 같다.[매주 6시간]

괘화: 곡선·직선 단형화이다.[매주 2시간]

창가: 앞의 등급과 같다.[매주 3시간]

체조: 앞의 등급과 같다.[매주 3시간]

제3급[1주 내의 과업수이다.]

독서: [독법] 『소학독본』5권이다.[매주 6시간]; [작문] 한자를 섞은 문장인 곡류·채소류의 기사, 또 기증문, 청취서이다.[매주 2시간]

습자: 앞의 등급과 같다.[매주 3시간]

실물: [도량] 앞의 등급과 같다.[매주 2시간]; [위치] 학교 근방의 위치와, 그 약도를 가르치는 것이다.[매주 2시간]; [식물] 곡류·채소류의 명칭·부분·효용이다.[매주 3시간]; [인공물] 앞의 등급과 같다.[매주 2시간]

산술: [필산] 천 이하 수의 승산·제산이다.[매주 4시간]; [주산] 산주 용법·가법·감법.[매주 2시간]

수신: 앞의 등급과 같다.[매주 6시간]

괘화: 앞의 등급과 같다.[매주 2시간]

창가: 앞의 등급과 같다.[매주 3시간]

체조: 앞의 등급과 같다.[매주 3시간]

제2급[1주 내의 과업수이다.]

독서: [독법] 『소학독본』6권이다.[매주 4시간]; [작문] 한자를 섞은 문장인 어개류의 기사와, 또 유인문, 송장이다.[매주 2시간]

습자: 초서이다.[매주 3시간]

실물: [도량] 승의 명칭·관계·실법.[매주 2시간]; [위치] 구내의 위치와 그 약도를 가르치는 것이다.[매주 2시간]; [광물] 회구류의 명칭·성질·효용이다.[매주 2시간]; [동물] 어개류의 명칭·부분·상습·효용이다.[매주 3시간]; [인공물] 전체 및 부분의 구조·효용이다.[매주 2시간]

산술: [필산] 천 이하 수의 가감·승제이다.[매주 4시간]; [주산] 승법, 제법이다.[매주 2시간]

수신: 앞의 등급과 같다.[매주 6시간]

괘화: 문화이다.[매주 2시간]

창가: 앞의 등급과 같다.[매주 3시간]

체조: 앞의 등급과 같다.[매주 3시간]

제1급[1주 내의 과업수이다.]

독서: [독법]『소학독본』7권이다.[매주 6시간]; [작문] 한자를 섞은 문장인 해조류·지이류의 기사와, 또 방문문, 계서이다.[매주 2시간]

습자: 앞의 등급과 같다.[매주 3시간]

실물: [도량] 여러 종의 척도양목·비교 관계이다.[매주 2시간]; [위치] 동경 시중의 위치와 그 약도를 가르치는 것이다.[매주 2시간]; [식물] 해조류·지이류의 명칭·부분·효력이다.[매주 3시간]; [인공물] 앞의 등급과 같다.[매주 2시간]

산술: [필산] 분수초보이다.[매주 4시간]; [주산] 사칙잡제이다.[매주 2시간]

수신: 앞의 등급과 같다.[매주 6시간]

괘화: 앞의 등급과 같다.[매주 2시간]

창가: 앞의 등급과 같다.[매주 3시간]

체조: 앞의 등급과 같다.[매주 3시간]

상등 제8급[1주 내의 과업수이다.]

독서: [독법]『독본』1권이다.[매주 4시간]; [작문] 한자를 섞은 문장인 보석류·충류·파충류의 기사와, 또 축하문, 계서이다.[매주 2시간]

습자: 행서이다.[매주 3시간]

실물: [광물] 보석류의 명칭·성질·효용이다.[매주 3시간]; [동물] 충

류·파충류의 명칭·부분·상습·효용이다.[매주 3시간]

산술: [필산] 정수명위이다.[매주 4시간]; [주산] 앞의 등급과 같다.[매주 1시간]; [기하] [남학생] 선의 성질·관계이다.[매주 2시간]

지리: 총론이다.[매주 4시간]

수신: 현철의 언행 이야기와 인륜의 대도이다.[매주 6시간]

괘화: 기구·가옥의 윤곽이다.[매주 2시간]

창가: 앞의 등급과 같다.[매주 3시간]

체조: 맨손 연습이다.[매주 3시간]

재봉: [여학생] 운침법이다.[매주 2시간]

제7급[1주 내의 과업수이다.]

독서: [독법] 『독본』2권이다.[매주 6시간]; [작문] 잡제와 한자를 섞어 지은 기사문, 또 사언문, 원서이다.[매주 2시간]

습자: 앞의 등급과 같다.[매주 3시간]

실물: [식물] 제조용 식물이다.[매주 4시간]

산술: [필산] 가법과 감법이다.[매주 4시간]; [주산] 앞의 등급과 같다.[매주 1시간]; [기하] [남학생] 각의 성질·관계이다.[매주 2시간]

지리: 일본국의 지지다.[매주 4시간]

수신: 앞의 등급과 같다.[매주 6시간]

괘화: 앞의 등급과 같다.[매주 2시간]

창가: 앞의 등급과 같다.[매주 3시간]

체조: 앞의 등급과 같다.[매주 3시간]

재봉: [여학생] 앞의 등급과 같다.[매주 2시간]

제6급[1주 내의 과업수이다.]

독서: [독법] 『독본』3권이다.[매주 6시간]; [작문] 잡제와 한자를 섞어 지은 기사문, 또 송별문 및 원서이다.[매주 2시간]

습자: 해서이다.[매주 2시간]

산술: [필산] 승법과 제법이다.[매주 4시간]; [기하] [남학생] 면의 성질·관계이다.[매주 2시간]

지리: 앞의 등급과 같다.[매주 4시간]

수신: 앞의 등급과 같다.[매주 6시간]

박물: [금석학] 금석의 통성 및 단순광물이다.[매주 3시간]; [식물학] 식물 부분이다.[매주 3시간]

괘화: 앞의 등급과 같다.[매주 2시간]

창가: 앞의 등급과 같다.[매주 3시간]

체조: 앞의 등급과 같다.[매주 3시간]

재봉: [여학생] 단물류의 재방·봉방이다.[매주 2시간]

수의과 독서: [한문] 『몽구』상권이다.[매주 3시간]; [영문] 철자 및 독방이다.[매주 3시간]

제5급[1주 내의 과업수이다.]

독서: [독법] 앞의 등급과 같다.[매주 6시간]; [작문] 잡제와 한자를 섞어 지은 기사문, 또 조위문 및 원서이다.[매주 2시간]

습자: 앞의 등급과 같다.[매주 2시간]

산술: [필산] 분수이다.[매주 4시간]; [기하] [남학생] 앞의 등급과 같다.[매주 2시간]

지리: 아세아·구라파·아불 리가 각국의 지지이다.[매주 4시간]

역사: 일본 역사 기원부터 2천 백 년대에 이르기까지이다.[매주 2시간]

수신: 앞의 등급과 같다.[매주 6시간]

박물: [금석학] 유화·산화·규화광물이다.[매주 2시간]; [식물학] 보통 식물의 분류이다.[매주 2시간]

괘화: 초목·금수의 윤곽이다.[매주 2시간]

창가: 앞의 등급과 같다.[매주 3시간]

체조: 앞의 등급과 같다.[매주 3시간]

재봉: [여학생] 앞의 등급과 같다.[매주 2시간]

수의과. 독서: [한문]『몽구』중권이다.[매주 3시간]; [영문] 독방과 문전이다.[매주 3시간]

제4급[1주 내의 과업수이다.]

독서: [독법]『독본』4권이다.[매주 6시간]; [작문] 한자를 섞은 논설문과, 또 대차문, 증권서의 예이다.[매주 2시간]

습자: 초서이다.[매주 2시간]

산술: [필산] 앞의 등급과 같다.[매주 4시간]; [기하] [남학생] 용기의 성질·관계이다.[매주 2시간]

지리: 남북아메리카·대양주 각국의 지지이다.[매주 4시간]

역사: 일본역사의 2천 백 년대부터 지금 시대에 이르기까지이다.[매주 4시간]

수신: 앞의 등급과 같다.[매주 2시간]

창가: 앞의 등급과 같다.[매주 3시간]

체조: 기계연습이다.[매주 3시간]

재봉: [여학생] 겹물류의 재방·봉방이다.[매주 2시간]

수의과. 독서: [한문]『몽구』하권이다.[매주 3시간]; [영문] 앞의 등급과 같다.[매주 3시간]

제3급[1주 내의 과업수이다.]

독서: [독법] 앞의 등급과 같다.[매주 6시간]; [작문] 앞의 등급과 같다.[매주 2시간]

습자: 앞의 등급과 같다.[매주 2시간]

산술: [필산] 소수이다.[매주 4시간]; [기하] [남학생] 앞의 등급과 같다.[매주 2시간]

역사: 만국역사의 상고·중고의 부분이다.[매주 4시간]

수신: 앞의 등급과 같다.[매주 6시간]

물리: 총론과 여러 역물의 삼위이다.[매주 3시간]

박물: [동물학] 무척추동물이다.[매주 3시간]

괘화: 앞의 등급과 같다.[매주 2시간]

창가: 앞의 등급과 같다.[매주 3시간]

체조: 앞의 등급과 같다.[매주 3시간]

재봉: [여학생] 앞의 등급과 같다.[매주 2시간]

수의과. 독서: [한문]『십팔사략』1권·2권이다.[매주 3시간]; [영문] 앞의 등급과 같다.[매주 3시간]

제2급[1주 내의 과업수이다.]

독서: [독법] 『독본』5권이다.[매주 6시간]; [작문] 잡제와 여러 문체의 문장이다.[매주 2시간]

산술: [필산] 여러 비례이다.[매주 4시간]; [기하] [남학생] 여러 주제의 논증이다.[매주 3시간]

역사: 만국역사의 근세의 부분이다.[매주 2시간]

수신: 앞의 등급과 같다.[매주 6시간]

물리: 전동체와 열체이다.[매주 3시간]

화학: 총론 및 화·풍·수·토의 개론이다.[매주 3시간]

생리: 골격, 근육, 피부, 소화기이다.[매주 3시간]

괘화: 산수의 약화이다.[매주 2시간]

창가: 앞의 등급과 같다.[매주 3시간]

체조: 앞의 등급과 같다.[매주 3시간]

재봉: [여학생] 면이 들어간 물류의 재방·봉방이다.[매주 3시간]

수의과. 독서: [한문] 『십팔사략』3권·4권·5권이다.[매주 3시간]; [영문] 독방이다.[매주 3시간]

제1급[1주 내의 과업수이다.]

독서: [독법] 앞의 등급과 같다.[매주 6시간]; [작문] 앞의 등급과 같다.[매주 2시간]

산술: [필산] 앞의 등급과 같다.[매주 4시간]; [기하] [남학생] 앞의 등급과 같다.[매주 3시간]

수신: 앞의 등급과 같다.[매주 6시간]

물리: 직사열광 발전체이다.[매주 4시간]

화학: 비금속·금속의 여러 원소이다.[매주 4시간]

괘화: 앞의 등급과 같다.[매주 2시간]

창가: 앞의 등급과 같다.[매주 3시간]

체조: 앞의 등급과 같다.[매주 3시간]

재봉: [여학생] 앞의 등급과 같다.[매주 3시간]

수의과. 독서: [한문]『십팔사략』6권·7권이다.[매주 3시간]; [영문] 앞의 등급과 같다.[매주 3시간]

교원, 4인[여자, 1인]; 학생, 159인[남자, 104; 여자, 55]

女子師範學校

規則

一、本校爲養成可爲小學教員女子處、敎

員必須之諸學科及敎育理論諸科敎授及

育幼稚術、故本校敎科者、不止當爲小學

幼稚園保姆、一、爲高生徒學業之基礎別及

淺未足學本科者、爲他日登本科階梯、

本科課程

第一年前期第六級（一週內之課題）〇修身、修身

禮節演習、每週三時〇化學、化學之要理、非入

化合物、每週四時〇動物學、動物之分類及構

時〇算術、諸等比例差分百分筭平均筭

규칙

1. 본교는 소학교 여자 교원을 양성하기 위한 곳이다.

1. 교육과정은 소학 교원에게 필수적인 여러 교과목 및 교육이론과 여러 학과의 교수방법을 위주로 하며, 보육이나 유치원 교육방법까지 가르친다. 그러므로 본교 교육과정을 마친 자는 소학 교원이 될 뿐만 아니라 보육원의 보모나 유치원 교사를 할 수 있다.

1. 학생들의 학업 기초를 높이기 위해 별도로 예과를 설치했는데, 배움이 얕아 충분히 본과 과정을 배우지 못한 자를 가르쳐 나중에 본과에 오르는 단계로 삼는다.

본과 과정

제1학년 전기 제6급[1주 내의 과업수이다.]
수신: 수신학의 요지 및 예절연습이다.[매주 3시간]

화학: 화학의 중요이론, 비금속의 여러 원소 및 그 화합물이다.[매주 4시간]

동물학: 동물의 분류 및 구조·성질 등이다.[매주 4시간]

산술: 여러 가지 비례, 차분, 백분산, 평균산이다.[매주 4시간].

부기: 단기, 복기이다.[매주 2시간]

문학: [강독] 『원·명·청사략』1권·2권·3권이다.[매주 4시간]; [문법] 자론, 언론, 문론이다.[매주 2시간]; [작문] 각종 서독이다.[매주 1시간]

도화: 기구·화엽 등의 임화이다.[매주 2시간]

재봉: 단물류이다.[매주 2시간]

음악: 창가이다.[매주 3시간]

체조: 맨손 연습, 기계연습이다.[매주 3시간]

제1학년 후기 제5급[1주 내의 과업수이다.]

수신: 앞의 등급과 같다.[매주 3시간]

화학: 금속 여러 원소 및 그 화합물, 유기화학의 개략이다.[매주 3시간]

식물학: 식물의 구조·조직 및 분류이다.[매주 4시간]

산술: 승방, 개방, 구적, 급수이다.[매주 2시간]

대수학: 정수, 분수이다.[매주 2시간]

기하학: 선각, 다가, 형이다.[매주 2시간]

문학: [강독] 『원·명·청사략』4권·5권·6권 및 고금화문이다.[매주 5시간]; [작문] 여러 동·식물 기사와, 대차·공용등 여러 문서이다.[매주 1시간]

도화: 조수·인물 등의 임화이다.[매주 2시간]

재봉: 겹류이다.[매주 2시간]

음악: 창가이다.[매주 3시간]; 거문고 연주다.[매주 2시간]

체조: 앞의 등급과 같다.[매주 3시간]

제2학년 전기 제4급[1주 내의 과업수이다.]

수신: 앞의 등급과 같다.[매주 2시간]

가정학: 가정학의 요지이다.[매주 1시간]

물리학: 물성론, 역학, 수학, 기학, 음학이다.[매주 4시간]

생리학: 골·육·피, 음식소화, 운혈, 호흡 및 신경계 감각 등이다.[매주 4시간]

대수학: 일차방정식 누승 및 근근식이다.[매주 3시간]

기하학: 비례권, 평면형 작법이다.[매주 2시간]

문학: [강독]『문장궤범』제1책·제2책 및 고금화문이다.[매주 5시간]; [작문] 수신·격물 등에 관한 기사·논설이다.[매주 1시간]

도화: 실물화, 경색임화이다.[매주 2시간]

재봉: 면입류이다.[매주 2시간]

음악: 창가이다.[매주 3시간]; 거문고 연주다.[매주 2시간]

체조: 앞의 등급과 같다.[매주 3시간]

제2학년 후기 제3급[1주 내의 과업수이다.]

수신: 수신학의 요지이다.[매주 1시간]

가정학: 가정학의 요지이다[매주 2시간]

물리학: 열학, 광학이다.[매주 3시간]

광물학: 광물 형태의 물리적·화학적 성질 및 분류·식별이다.[매주 2시간]

지문학: 성학의지지, 지질론, 육지·하해기상, 생물·인류의 여러 가지 이론이다.[매주 4시간]

대수학: 이차방정식, 비례, 순·착열, 급수이다.[매주 3시간]

기하학: 평면관계 다면체, 구체이다.[매주 2시간]

문학: [강독]『문장궤범』제3책 및 『근세명가문수초편』이다.[매주 4

시간]; [작문] 여러 주제의 기사·논설, 간단한 한문이다.[매주 1시간]

도화: 기하도법, 투시도법이다.[매주 2시간]

재봉: 우직·바지·허리띠이다.[매주 2시간]

음악: 창가이다.[매주 3시간];거문고 연주다.[매주 2시간]

체조: 앞의 등급과 같다.[매주 3시간].

제3학년 전기 제2급[1주 내의 과업수이다.]

수신: 앞의 등급과 같다.[매주 1시간]

물리학: 전기학, 자기학, 물리적 성학이다.[매주 3시간]

삼각학: 대수팔선, 평삼각, 해법 등이다.[매주 2시간]

문학: [강독] 『근세명가문수』 2편이다.[매주 2시간]; [작문] 간단한 한문이다.[매주 1시간]

음악: 창가이다.[매주 3시간]

체조: 앞의 등급과 같다.[매주 3시간]

교육론: 심리의 요지, 지육·덕육·체육의 요지이다.[매주 6시간]

소학교수술: 수신훈, 실물과, 독서, 작문, 서화, 산술, 지지, 박물학, 물리학 등의 교수방법이다.[매주 1시간]

유치보육술: 실물과, 완기용법, 창가, 유희, 체조 등의 교수방법이다.[매주 3시간]

제3학년 후기 제1급

소학실지교수: 유치원 실제 현장실습 보육이다.

예과 과정

제1학년 전기 제6급[1주 내의 과업수이다.]

수신: 날마다 쓰는 윤리·교훈, 위대한 인물의 가언·의행이다.[매주 2시간]

식물학: 유화식물 여러 부분 및 성장·생식 약설이다.[매주 2시간]

산술: 필산, 가감·승제이다.[매주 5시간]

지지: 지도해설, 육지·하해기상, 생물 등이다.[매주 4시간]

문학: [강독] 우촌정일의 편집 『국사략』1권·2권이다.[매주 5시간]; [문법] 간이한 기사, 증답·경조 등의 서독이다.[매주 1시간]

도화: 직선, 곡선, 단형이다.[매주 2시간]

서법: 행서이다.[매주 2시간]

재봉: 바느질이다.[매주 3시간]

창가: [매주 3시간]

체조: 앞의 등급과 같다.[매주 3시간]

제1학년 후기 제5급[1주 내의 과업수이다.]

수신: 앞의 등급과 같다.[매주 2시간]

식물학: 보통 식물의 특성·공용 등이다.[매주 2시간]

동물학: 무척수동물의 구조·성습 등이다.[매주 2시간]

산술: 필산, 분수이다.[매주 3시간]; 주산, 가감이다.[매주 2시간]

지지: 일본 각부의 위치·형세·도읍·물산·교육 등이다.[매주 2시간]

문학: [강독] 우촌정일의 편집 『국사략』 권3·4이다.[매주 5시간]; [문

법] 문장 분해·합성에 관계되는 것을 말한다.[매주 2시간]; [작문] 앞의 등급과 같다.[매주 1시간]; 단물류이다.[매주 3시간]

창가: [매주 3시간]

체조: 앞의 등급과 같다.[매주 3시간]

제2학년 전기 제4급[1주 내의 과업수이다.]

수신: 앞의 등급과 같다.[매주 2시간]

물리학: 천연한 여러 힘, 응체, 유체, 기체의 성질과 움직임 및 소리 약설이다.[매주 시간]

동물학: 척수동물의 구조·성습 등이다.[매주 2시간]

산술: 필산, 분수, 소수이다.[매주 3시간]; 주산, 승제이다.[매주 2시간]

지지: 아세아·구라파 여러 나라의 위치·형세·지리·물산·명도·특수한 풍속 등이다.[매주 2시간]

문학: [강독] 우촌정일의 편집 『국사략』6권·7권과 고금화문이다.[매주 6시간]; [작문] 여러 동·식물의 기사, 대차·공용 등속의 여러 문서이다.[매주 1시간]

도화: 화엽·과라이다.[매주 2시간]

서법: 해서이다.[매주 2시간]

재봉: 앞의 등급과 같다.[매주 3시간]

창가: [매주 3시간]

체조: 앞의 등급과 같다.[매주 3시간]

제2학년 후기 제3급[1주 내의 과업수이다.]

수신: 앞의 등급과 같다.[매주 2시간]

물리학: 열광, 전기의 약설이다.[매주 3시간]

산술: 필산, 여러 가지 등비례이다.[매주 3시간]; 주산, 가감·승제, 여러 가지 문제.[매주 2시간]

지지: 아비리가·아미리가 대양주 여러 나라의 위치·형세·지리·물산·명도·특수한 풍속 등이다.[매주 2시간]

역사: 구라파 인종, 희랍·라마 성쇠이다.[매주 2시간]

문학: [강독]『십팔사략』1권·2권·3권과, 고금화문이다.[매주 6시간]; [작문] 앞의 등급과 같다.[매주 1시간]

도화: 조수·충어이다.[매주 2시간]

서법: 행서, 초서이다.[매주 2시간]

재봉: 겹류이다.[매주 3시간]; 창가[매주 3시간]

체조: 앞의 등급과 같다.[매주 3시간]

제3학년 전기 제2급[1주 내의 과업수이다.]

수신: 여자의 중요한 일, 응대·진퇴 예절이다.[매주 2시간]

화학: 비금속 여러 원소 약설이다.[매주 3시간]

산술: 필산, 차분, 백분산, 평균산이다.[매주 4시간]

기하학: 선각, 삼각형, 사각형이다.[매주 2시간]

역사: 서양 여러 나라의 중세·근세 연혁이다.[매주 3시간]

문학: [강독]『십팔사략』 4권·5권과, 『맹자』제1책·제2책이다.[매주 6시간]; [작문] 수신, 격물, 역사 등의 기사·논설이다.[매주 1시간]

도화: 인물 및 경색이다.[매주 2시간]

서법: 해행, 초서, 세자이다.[매주 2시간]

재봉: 면입류이다.[매주 3시간]

창가: [매주 3시간]

체조: 앞의 등급과 같다.[매주 3시간]

제3학년 후기 제1급[1주 내의 과업수이다.]

수신: 앞의 등급과 같다.[매주 2시간]

화학: 금속 여러 원소의 약설이다.[매주 2시간]

생리학: 골·육·피, 소화, 운혈, 호흡 등의 약설이다.[매주 3시간]

산술: 필산, 승방, 개방, 구적, 급수이다.[매주 4시간]

기하학: 비례, 다각형의 관계이다.[매주 3시간]

문학: [강독]『십팔사략』6권·7권과, 『맹자』제3책·제4책이다.[매주 6시간]; [작문] 앞의 등급과 같다.[매주 1시간]

도화: 기하도법, 투시도법이다.[매주 2시간]

서법: 해행, 초서, 세자이다.[매주 2시간]

재봉: 우직·바지이다.[매주 3시간]

창가: [매주 3시간]

체조: 앞의 등급과 같다.[매주 3시간]

입학규칙

1. 본과의 학생은 나이 15세 이상에서 20세 이하이고, 성품과 행실이

선량하며, 신체가 강건하고, 재학 중에 집안일에 얽매이지 않는 자로 충원한다.

1. 입학을 희망하는 자는 입학시험 기일에 앞서 학업 이력을 기재하여 입학원서에 첨부하면 본교에서 차출한다.

1. 입학시험은 매학기 초에 하는데, 매년 2월 하순 및 9월 중순에 시행한다.

입학시험의 과목: 강독은 『십팔사략』과 『국사략』, 작문은 기사와 서독, 서법은 해서·행서와 초서, 도화는 기구·꽃과 잎 등, 산술은 필산, 여러 비례, 주산, 가감·승제, 지지는 역사, 물리학대의이다.

1. 예과 학생은 나이 12세 이상에서 17세 이하인 자이고, 가까이하기 쉬운 책을 읽고 대략 산술을 배운 자로 충원하며, 보통의 소학교 학업을 마친 자이면 그 나이가 비록 12세 미만이라도 당연히 입학을 허가한다.

1. 예과 학생의 학교 입학은 그 입학의 기일을 정하지 않고, 매번 입학을 희망하는 자가 있으면, 그 학업을 대략 시험하여 상당한 등급 가운데 입학하도록 한다.

교수규칙

1. 본과 및 예과 학생의 수업 연한은 각각 3년으로 하고, 한 학년을 나누어 전·후 2학기로 한다.

1. 학년은 9월 11일에 시작하여 다음해 7월 10일에 마치며, 전 학기는 학년 시작일로부터 다음해 2월 15일까지이고, 후 학기는 2월 23일부터

학년 마지막 날까지이다.

1. 본과 및 예과의 제1학년에서 수업하는 자는 제6급이며, 1학기 학업을 마친 자가 매번 한 등급씩 진급하여 3년을 수업하면 제1급이 된다.

1. 교육 시간은 매일 5시간 30분이며, 토요일은 3시간 30분이므로 1주에 31시간이다.

1. 창가 및 체조 교과목 교육은 한 과목당 30분이며, 기타 여러 교과목은 한 과목당 1시간이 된다.

1. 모든 교과목의 수업은 대개 실제 지식 탐구를 위주로 하여 교재를 강독하는 것만을 요구하지 않는다. 그러므로 문학 과목 가운데 여러 책 외에 다른 서적들은 모두 참고로 삼아 가르쳐준다.

1. 가정학 가운데 재료를 자르고 삶는 일을 가르치는데, 본 교과목 시간 이외에 그것을 연습하도록 한다.

1. 학생의 시험은 한 학기에 3회 이상 6회 이하로 하고, 각 과목의 진도 정도는 그 교원의 학업성취도 소견에 따라 임시로 시행한다. 또 학기말에 이르러 그 학기 내에 학습한 여러 과목을 시험하고, 전후 시험의 점수를 합계하여 각 과목의 점수를 가지고 학생의 진퇴를 결정한다.

1. 전 교과목 졸업자에 대해서는 졸업증서를 수여한다.

1. 학생의 휴업[방학]은 다른 학교와 같다.

교장 2인, 교원 26인[남녀 각각 13인] 학생 194인이다.[학자금은 매월 4원 50전이며, 국비로 지원하는 학생[국가 장학금]은 78인이다.]

부속 유치원 규칙

1. 유치원을 설립하는 취지는 취학연령 미만인 어린이에게 천부적으로 타고난 자질을 개발하고, 고유한 심성을 계발하며, 신체의 건전함을 길러주고, 친구와의 교제를 통해 우정을 알게 하며, 선량한 언행에 익숙하게 하기 위해서이다.

1. 유치원에 입학하려는 어린이는 나이가 만3세 이상이고 만6세 이하이며, 남자·여자를 가리지 않는다.[단, 사정에 따라 만2세 이상인 자를 유치원에 입학시키거나 만6세 이상인 자가 유치원에 재학할 수 있다.]

1. 어린이로서 천연두를 접종하지 않았거나 천연두를 겪지 않은 자 및 전염병에 걸린 자는 입학을 허가하지 않고, 이미 입학한 자가 전염병에 걸려 완전히 낫지 않아도 입학을 허가하지 않는다.[단, 매월 첫 번째 토요일에 의사를 불러 유치원에 있는 어린이들을 진찰한다.]

1. 유치원에 입학하는 어린이는 대략 150인을 정원으로 한다.

1. 유치원 입학생을 모집하려면 미리 그 기일 및 인원 등을 홍보한다.

1. 유치원 입학을 위해서는 서류를 내서 지원하고, 허가를 얻으면 보증서를 낸다.

1. 유치원 재학 중에는 보모[여자보육교사]가 어린이를 보육하는 책임을 맡는다. 그러므로 보부[남자보육교사]에게 어린이를 따르게 할 필요가 없다.[단, 어린이가 보모에게 익숙하지 않으면 유치원 원외에서 보육을 하는 개방실에서 보육할 수 있다. 이때는 보부가 보육해도 무방하다. 또 어린이가 혼자서 돌아갈 수 없으면 보부가 데려다 줄 수 있다.]

1. 유치원 재학생은 매월 금 30전을 내서 보육비에 충당한다.[단, 원

외 보육실에서 보육하는 자는 그 반액을 납부한다.]

1. 유치원 재학생은 각각 그 나이에 따라 3개의 단으로 나눈다.[단, 만5세 이상은 제1단이 되며, 만4세 이상은 제2단, 만3세 이상은 제3단이 된다.]

1. 어린이를 보육하는 일은 매일 4시간으로 정한다.[단, 보육시간 중이라도 어린이에게 사고가 있으면 보고하고 퇴원해도 무방하다.]

1. 어린이가 유치원에 있는 시간은 6월 1일부터 9월 30일까지는 오전 8시에 유치원에 등교하고 정오 12시에 유치원에서 하교한다. 10월 1일부터 5월 31일까지는 오전 9시에 유치원에 등교하고 오후 2시에 유치원에서 하교한다.

― 보육과목

제1 물품과: 일상에서 사용하는 기물, 즉 의자와 책상, 혹은 금수·꽃과 과일 등으로 그 성질·형상 등을 가르친다.

제2 미려과: 어린이가 보는 것을 아름답고 사랑스러운 물건으로 여기고, 색채 등을 가르친다.

제3 지식과: 보고 노는 것에서 그 지식을 열어, 입방체는 몇 개의 가장자리이고, 선평면은 몇 개의 각이며, 그 이룬 모양이 어떤 유형인지 가르친다. 세 과의 과목을 열거하면 아래와 같다.

다섯 채색의 공 가지고 놀기, 세 가지 모양 물건의 이해, 조개놀이, 연쇄, 형체 쌓는 방법, 형체 놓는 방법, 나무젓가락 놓는 방법, 고리 놓는 방법, 종이 자르기, 종이 잘라서 붙이기, 침화, 봉화, 도화, 직지, 첩지, 나무젓가락 모형 만들기, 점토 모형 만들기, 나뭇조각 맞추는 방법, 셈하기, 박물 이해, 창가, 설화, 체조, 유희.

― 보육과정

제3단

어린이가 만3세 이상 만4세 이하이다.

월요일: 실내회집[30분이다.]; 창가[30분이다.]; 완구[제1상자이다. 45분이다.]; 도화[3배선의 직각 등이다. 45분이다.]; 유희[1시간 반이다.]

화요일: 실내회집[30분이다.]1; 체조[30분이다.]; 소화[45분이다.]; 첩지[제1호부터 제4호까지이며, 기타 간단하고 쉬운 모양이다. 45분이다.]; 유희[1시간 반이다.]

수요일: 실내회집[30분이다.]; 체조[30분이다.]; 3형물[공·원주·6면형이다. 45분이다.]; 완구[45분이다.]; 유희[1시간 반이다.]

목요일: 실내회집[30분이다.]; 창가[30분이다.]; 계수[1에서 10까지다.]; 체조[아울러 45분이다.]; 연쇄[45분이다.]; 유희[1시간 반이다.]

금요일: 실내회집[30분이다.]; 체조[30분이다.]; 적형체방법[제4상자까지다. 45분이다.]; 침화[45분이다.]; 유희[1시간 반이다.]

토요일: 실내회집[30분이다.]; 체조[30분이다.]; 화해[45분이다.]; 치목저방법[6본까지다. 45분이다.]; 유희[1시간 반이다.]

단, 보육의 여가시간에는 체조나 창가를 가르치는데, 이 아래도 모두 그러하다.

제2단

어린이가 만4세 이상 만5세 이하이다.

월요일: 실내회집[30분이다.]; 창가[30분이다.]; 치형체방법[45분이다.]; 도화[3각형 등까지다. 45분이다.]; 유희[1시간 반이다.]

화요일: 실내회집[30분이다.]; 체조[30분이다.]; 박물이나 수신 등의 설화[45분이다.]; 침화[45분이다.]; 유희[1시간 반이다.]

수요일: 실내회집[30분이다.]; 체조[30분이다.]; 적형체방법[제3상자부터 제4상자까지다. 45분이다.]; 봉서[3배선 등이다. 45분이다.]; 유희[1시간 반이다.]

목요일: 실내회집[30분이다.]; 창가[30분이다.]; 계수[1부터 12까지다.]; 체조[아울러 45분이다.]; 직지[제12호까지다. 45분이다.]; 유희[1시간 반이다.]

금요일: 실내회집[30분이다.]; 체조[30분이다.]; 치목저방법[6본부터 20본까지다. 45분이다.]; 첩지[45분이다.]; 유희[1시간 반이다.]

토요일: 실내회집[30분이다.]; 체조[30분이다.]; 역사상의 설화[45분이다.]; 적형체방법[제4상자이다. 45분이다.]; 유희[1시간 반이다.]

제1단

어린이가 만5세 이상, 만6세 이하이다.

월요일: 실내회집[30분이다.]; 박물이나 수신 등의 설화[30분이다.]; 치형체방법[제7상자부터 제9상자까지다. 45분이다.]; 도화; 종이조각

맞추는 방법[아울러 45분이다.]; 유희[1시간 반이다.]

화요일: 실내회집[30분이다.]; 계수[1부터 100까지다. 30분이다]; 적형체방법[제5상자이다.]; 소화[아울러 45분이다.]; 침화[45분이다.]; 유희[1시간 반이다.]

수요일: 실내회집[30분이다.]; 목저모제[나무젓가락을 분질러서 4분이하의 분수 이치를 알게 하거나, 혹은 문자 및 숫자를 쓰게 한다. 30분이다.]; 종이 자르기 및 종이 붙이기[45분이다.]; 역사상의 설화[45분이다.]; 유희[1시간 반이다.]

목요일: 실내회집[30분이다.]; 창가[30분이다.]; 치형체방법[제9상자부터 제11상자까지다. 45분이다.]; 첩지[45분이다.]; 유희[1시간 반이다.]

금요일: 실내회집[30분이다.]; 목저모제[나무젓가락과 콩을 이용하여 6면형 및 젓가락, 일용의 기물 등을 본떠 만든다. 30분이다.]; 적형체방법[제5상자부터 제6상자까지다. 45분이다.]; 직지[45분이다.]; 유희[1시간 반이다.]

토요일: 실내회집[30분이다.]; 나뭇조각 맞추는 방법; 점토 모형 만들기[아울러 30분이다.]; 치환방법[45분이다.]; 봉화[45분이다.]; 유희[1시간 반이다.]

보모는 4인이고, 어린이는 98인이다.

외국어학교

外國語學校

沿革

舊開成學校中置英佛二國之語學科合國語學所矣二年但置二國語學於開成學六年區分生徒以下等中學一級以上以下為語學生徒外務省所設獨露漢語省於是檢查生徒之學力據外國語學教學科乃並獨露漢語學所於開成學校語外國語學校以授英佛獨露漢之語學七學校副本校英語學一科屬之以本校為學之所十年並授朝鮮語學校則

연혁

옛날 개성학교 안에 영국과 프랑스 두 나라 어학과를 설치하여 외무성에 설치한 외국어학소와 합쳤다. 명치 2년(1869)에 두 나라 어학만 개성학교에 설치하고 이어서 독일어학을 설치했다.

명치 6년(1863)에는 학생을 구분하여 하등 중학 1급 이상으로 전문학 학생으로 하고, 이하를 어학 학생으로 했으며, 외무성에 설치한 독일어·러시아어·한어 어학소를 문부성에 편입했다. 이에 학생들의 학력을 검사하고 외국어학 교칙에 의거하여 학급 및 학과를 개정했다. 아울러 개성학교 어학교장에 있는 독일어·러시아어·한어 어학소를 동경외국어학교라고 부르고, 영어·프랑스어·독일어·러시아어·한어 등의 어학을 가르쳤다.

명치 7년(1864)에는 동경영어학교를 설치하여 본교 영어학 1과를 나누어 소속시키고, 본교는 프랑스어·독일어·러시아어·한어 등의 어학을 가르치는 곳이 되었다. 명치 10년(1878)에는 조선어학도 가르쳤다.

교칙

1. 본교는 프랑스어학·독일어학·러시아어학·한어학·조선어학을 가르치는 곳이다.

1. 각각의 어학은 상·하 2등급으로 나누되, 하등 어학을 수학하는 시기는 3년으로 하고, 상등 어학을 수학하는 시기는 2년으로 한다.

별도 과정

1. 매일 본과의 과업[프랑스어·독일어·러시아어·한어의 각 어학 교과이다.]은 4시간으로 하고, 부과[역독과[번역학]와 국서과[일본어학]이다.]는 1시간으로 하며, 체조는 30분간 한다.

1. 입학생은 나이 18세 이하로 제한한다.[18세 이상이라도 학업 능력을 제대로 갖춘 자는 입학을 허가한다.]

1. 입학생은 소학의 학업을 마친 학력을 지닌 자가 아니면 입학을 허가하지 않는다.

1. 입학생은 입학서 및 학업 이력을 내서 지원하며, 본교 서기괘에 기록한다.

1. 입학 시기는 매년 정기시험[2월과 7월이다.] 이후에 정한다.[각 어학의 각 등급에 궐원이 있으면 임시로 입학을 허가한다.]

1. 학년은 9월 11일에 시작하고, 다음해 7월 10일에 마친다.

1. 학년을 나누어 2학기로 하는데, 제1학기는 9월 11일에 시작하고 다음해 2월 15일에 마치며, 제2학기는 2월 16일에 시작하고 7월 10일에 마친다.

1. 매 학기말에 학생의 과업을 시험하여 시험표를 각급생에게 부치며, 급제자는 그 급수를 올린다.[학생의 학력에 우열의 차이가 크게 나면 학기말을 기다리지 않고 임시로 올리고 내린다.]

1. 상등 어학 제1급 과정을 마친 자에게는 졸업증서를 수여한다.

1. 학생의 학업이 진보하는 효과가 없고 졸업을 기대할 수 없는 자에 대해서는 퇴학을 권고할 수 있다.

1. 학생의 졸업은 다른 학교와 같다.

1. 수업료는 1개월에 금 2원을 정액으로 한다.

한어[중국어]·조선어학 과정

하등 제1학년

제6급: 습자[해자이다.], 수음[유서로 한다.], 수어[단구로 한다.], 산술[수목명위와 가감·승제이다.], 체조.

제5급: 습자[앞의 등급과 같다.], 수음[앞의 등급과 같다.], 수어[단구와 단어로 한다.], 구법; 산술[분수이다.], 체조[앞의 등급과 같다.]

제2학년

제4급: 습자[앞의 등급과 같다.], 수음[앞의 등급과 같다.], 수어[앞의 등급과 같다.], 구법[앞의 등급과 같다.], 산술[소수도량이다.], 체조[앞의 등급과 같다.].

제3급: 습자[앞의 등급과 같다.], 수음[앞의 등급과 같다.], 수어[단어와 화본으로 한다.], 화고, 번역[산문이다.], 산술[율·반비례이다.], 체조[앞의 등급과 같다.]

제3학년

제2급: 습자[앞의 등급과 같다.], 수음[앞의 등급과 같다.], 수어[앞의 등급과 같다.], 화고[앞의 등급과 같다.], 번역[산문과 이두이다.], 산술

[비례와 개방이다.], 체조[앞의 등급과 같다.].

　제1급: 수음[앞의 등급과 같다.], 수어[패사로 한다.], 화고[앞의 등급과 같다.], 번역[이두와 척독이다.], 해문[이서와 청전이다.], 산술[급수와 대수이다.], 체조[앞의 등급과 같다.]

　상등 제4학년

　제4급: 수음[앞의 등급과 같다.], 수어[앞의 등급과 같다.], 화고[앞의 등급과 같다.], 번역[앞의 등급과 같다.], 해문[앞의 등급과 같다.], 기부법[단기이다.], 대수[가감·승제와 분수이다.], 기하, 영어, 체조[앞의 등급과 같다.]

　제3급: 수음[앞의 등급과 같다.], 수어[앞의 등급과 같다.], 화고[앞의 등급과 같다.], 번역[앞의 등급과 같다.], 해문[이서와 청률이다.], 기부법[복기이다.], 대수[일차방정식이다.], 기하[앞의 등급과 같다.], 영어[앞의 등급과 같다.], 체조[앞의 등급과 같다.]

　제5학년

　제2급: 수음[앞의 등급과 같다.], 수어[앞의 등급과 같다.], 화고[앞의 등급과 같다.], 번역[앞의 등급과 같다.], 해문[앞의 등급과 같다.], 기부법[앞의 등급과 같다.], 대수[이차방정식이다.], 기하[앞의 등급과 같다.], 영어[앞의 등급과 같다.], 체조[앞의 등급과 같다.]

　제1급: 수음[앞의 등급과 같다.], 수어[앞의 등급과 같다.], 화고[앞의 등급과 같다.], 번역[앞의 등급과 같다.], 해문[앞의 등급과 같다.], 대수[급수이다.], 기하[앞의 등급과 같다.], 영어[앞의 등급과 같다.], 체조[앞

의 등급과 같다.]

프랑스어·독일어·러시아어학 과정

하등 제1학년

제6급: 철자, 독법[수신 및 박물학에 관계된 책을 사용한다.], 습자[쾌주체이다.], 역문, 산술[수목명위이다.], 체조[앞의 등급과 같다.]

제5급: 철자[앞의 등급과 같다.], 독법[앞의 등급과 같다.], 습자[앞의 등급과 같다.], 서취, 문법, 암송, 역문[앞의 등급과 같다.], 산술[가감·승제이다.], 체조[앞의 등급과 같다.]

제2학년

제4급: 독법[앞의 등급과 같다.], 습자[앞의 등급과 같다.], 서취[앞의 등급과 같다.], 문법[앞의 등급과 같다.], 암송[앞의 등급과 같다.], 회화, 역문[앞의 등급과 같다.], 산술[분수이다.], 지리학, 체조[앞의 등급과 같다.]

제3급: 독법[앞의 등급과 같다.], 습자[앞의 등급과 같다.], 서취[앞의 등급과 같다.], 문법[앞의 등급과 같다.], 암송[앞의 등급과 같다.], 회화[앞의 등급과 같다.], 작문, 역문[앞의 등급과 같다.], 산술[소수도량이다.], 지리학[앞의 등급과 같다.], 역사[태고사이다.], 체조[앞의 등급과 같다.]

제3학년

제2급: 독법[앞의 등급과 같다.], 습자[원활체이다.], 서취[앞의 등급과 같다.], 문법[앞의 등급과 같다.], 암송[앞의 등급과 같다.], 회화[앞의 등급과 같다.], 작문[앞의 등급과 같다.], 역문[앞의 등급과 같다.], 산술[율·반비례이다.], 지리학[앞의 등급과 같다.], 역사[속사이다.], 체조[앞의 등급과 같다.]

제1급: 독법[앞의 등급과 같다.], 습자[의사체이다.], 서취[앞의 등급과 같다.], 문법[앞의 등급과 같다.], 암송[앞의 등급과 같다.], 회화[앞의 등급과 같다.], 작문[앞의 등급과 같다.], 역문[앞의 등급과 같다.], 산술[비례와 개방이다.], 지리학[앞의 등급과 같다.], 역사[중고사이다.], 체조[앞의 등급과 같다.]

상등 제4학년

제4급: 서취[앞의 등급과 같다.], 사격, 암송[앞의 등급과 같다.], 작문[앞의 등급과 같다.], 역문[앞의 등급과 같다.], 산술[급수와 대수이다.], 지리학[앞의 등급과 같다.], 역사[앞의 등급과 같다.], 물리학, 대수[가감·승제와 분수이다.], 기하, 체조[앞의 등급과 같다.]

제3급: 서취[앞의 등급과 같다.], 사격[앞의 등급과 같다.], 연설, 작문[앞의 등급과 같다.], 역문[앞의 등급과 같다.], 기부법[단기이다.], 지리학[앞의 등급과 같다.], 역사[근세사이다.], 물리학[앞의 등급과 같다.], 대수[일차방정식이다.], 기하[앞의 등급과 같다.], 체조[앞의 등급과 같다.]

제5학년

제2급: 수사, 연설[앞의 등급과 같다.], 작문[앞의 등급과 같다.], 논리학, 역문[앞의 등급과 같다.], 기부법[복기이다.], 역사[앞의 등급과 같다.], 물리학[앞의 등급과 같다.], 대수[이차방정식이다.], 기하[앞의 등급과 같다.], 체조[앞의 등급과 같다.]

제1급: 수사[앞의 등급과 같다.], 연설[앞의 등급과 같다.], 작문[앞의 등급과 같다.], 논리학[앞의 등급과 같다.], 역문[앞의 등급과 같다.], 기부법[앞의 등급과 같다.], 역사[앞의 등급과 같다.], 물리학[앞의 등급과 같다.], 대수[급수이다.], 기하[앞의 등급과 같다.], 체조[앞의 등급과 같다.]

교장 1인, 교원 40인[본국인 32, 타국인 8], 학생 377인이다.[학자금은 매월 5원 35전이고, 국비로 지원하는 학생은 89인이다.]

體操傳習所

　規則

體操傳習所爲專授ㅣ關體育之諸學科、
之體育法且養成體育學教員之所、○體
要合左諸格、

一、齡年、元十八年以上、二十年以下、一、軀

一、健康、歷種痘或天然痘且不罹肺病及

識泼普通和漢學英學略解筭術者、一、志

學教員者、一、請入學者呈保證狀及履歷

所而受學識及軀幹健康等之驗查合格

　教則

　學科目、　體操術、男子體操術、女子體操

규칙

체조전습소는 체육에 관련한 여러 교과목을 전문적으로 가르치기 위해 우리나라[일본]에 적합한 체육의 방식을 선정하여 체육학 교원을 양성하는 곳이다.

체조전습소 학생은 반드시 아래의 여러 자격에 맞아야 한다.

1. 연령은 18세 이상 20세 이하이다.

1. 키는 5척 이상이다.

1. 건강은 종두나 천연두를 겪고, 또 폐병 및 불치병에 걸리지 않은 자이다.

1. 학력은 보통의 화한학·영어학을 거치고, 산술을 대략 이해하는 자이다.

1. 지망하는 학생은 나중에 체육학 교원이 되려는 자이다.

1. 입학을 요청하는 자는 보증서 및 이력서를 체조전습소에 내고, 학력 및 키·건강 관련한 시험·검사를 받아 합격하면 서약서를 낸다.

교칙

학과목

체조술: 남자체조술, 여자체조술, 유아체조술, 미용술, 조성조법.

영어학: 독해, 작문, 영문학.

화한학: 독해, 작문.

수학: 산술, 대수학, 기하학.

이학: 해부학, 생리학, 건전학 등과 체육의 여러 학과에 긴밀하게 연관된 것 및 물리학, 화학대의.

도화: 자재화법, 기하도법, 투시화법.[단, 체조전습소는 체육학 가르치는 일이 기본 취지이기 때문에 영어학 이하 여러 과목은 그 대요를 배우는 데 그친다.]

학기 및 재학 연한은 과정을 나누어 4학기로 하는데, 매 학기 6개월로 하고, 재학 기간은 2년으로 한다. 수업시간은 매일 5시간이며, 5시간 가운데 1시간 반 이상은 체조술을 가르친다.

시험은 각 교과목의 일부를 마치면 매번 그 달성 여부를 시험하고, 학기말에 이르러 각부의 대체적인 교과내용을 시험하여 그 등급을 정한다.

졸업증서는 재학 중 행실과 용모가 방정하고 학력이 상당한 자에게 졸업할 때 그 증서를 수여한다.

졸업생은 졸업한 후 3년간 문부성에서 임명한 직무를 사직할 수 없다. 단, 공직에 종사하는 것은 2년을 넘어서는 안 된다.

교장 1인, 교원 6인, 학생 28인이다.[학자금은 매월 6원이며, 국비로 지원하는 학생도 포함되어 있다.]

도서관

圖書館

規則

一、館內安聖像時、許眾庶來拜。

一、設本館、藏於館中圖書、廣供內國人及外國人之覽、規則者皆得登館展閱所欲覽之圖書。

一、午前第八時開之、午後第八時閉之。（但每年自九月十五日至四月十五日、午後七時閉之。）

一、定期閉館之時日、如左。

　掃除館內日、（二月十一日、）

　天長節、十一月三日、

　歲末日、自十二月三十日至三十一日、

　歲首日、

一、所藏圖書、不許帶出館外。（但僑文部卿特許標者、非此限。）

一、所收受圖書、六十日間、不許出於館外。

一、貴重之圖書、其他現行新聞雜誌、不許出於

규칙

　도서관 안에 안치된 성상(聖像)에 때때로 사람들이 와서 예배하는 것을 허가한다.

　1. 본 도서관을 설립한 취지는 도서관 안에 소장한 도서를 내국인 및 외국인의 탐구와 열람에 널리 제공하는 데 있다. 그러므로 이 규칙을 준수하는 자는 모두 도서관에 출입하여 열람하려는 도서를 볼 수 있다.

　1. 본 도서관은 매일 오전 8시에 열고, 오후 8시에 닫는다.[단, 매년 7월 11일부터 9월 10일까지는 오전 7시에 열고, 오후 7시에 닫는다.]

　1. 정기 폐관 일시는 아래와 같다. 세수[1월 1일], 기원절[2월 11일], 관내 청소일[4월 15일부터 21일까지], 폭서일[8월 1일부터 15일까지], 천장일[11월 3일], 세말[12월 22일부터 31일까지]

　1. 본 도서관의 소장도서는 관외로 대출을 허가하지 않는다.[단, 문부경의 특별허가표를 가지고 온 자에 대해서는 이를 제한하지 않는다.]

　1. 새로 구입했거나 기증받은 도서는 60일간 관외 대출을 허가하지 않는다.

　1. 사서류 및 희귀한 귀중 도서와 기타 현행 신문·잡지는 관외 대출을 허가하지 않는다.[단, 신문·잡지의 발행이 월 1회를 지나지 않은 것은 끝부분 2편을 제외하고 관외 대출을 허가할 수 있다.]

　1. 관립학교 교원 및 각 청의 관리 직원과 기타 교육상 도움을 주는 자가 특별히 도서를 대출하여 수요를 충족하려고 하면 문부경의 특별허가표에 의거하여 허락한다.

　1. 문부경 특별허가표에 의거하여 대출하는 도서는 각 사람마다 서

양서는 3책, 화·한서는 10책에 한정하고, 대출기간은 10일을 초과하지 않는다.

1. 본 도서관의 관리 및 직원을 제외하고 서고의 출입을 허가하지 않는다.

1. 도서를 대출하는 자는 그 서명 및 본인의 성명·주소를 기재하여 도서관 관리에게 내고 그 도서를 받는다.[단. 도서관내에서 빌려보는 도서는 내용을 베껴가도 무방하다.]

1. 도서를 빌려 보는 자가 도서를 분실하거나 더럽히고 망가뜨리면 똑같은 도서나 그에 상응하는 대가를 상환해야 하며, 변상이 마무리되지 않고는 다시 다른 도서를 빌려볼 수 없다.

1. 술에 취한 사람은 도서관 출입을 허가하지 않는다.

1. 도서관내에서는 소리 내어 읽기, 잡담, 흡연을 금하고, 열람실 밖으로 배회하는 것을 허가하지 않는다.

教育博物館
　規則

教育博物館冗教育上所需、諸般物品、金
魚水陸、動植之物、無不備儲、以資生徒之
解說模造圖寫、而謀世用錄其規則如左
一、本舘所蒐集物品、係圖書及學校模型、
其他學校所用椅子卓子等冗關教育者、
一室置之、其書係學事報告、學校規則、教
科書、教育雜誌等、一置內外國所刊行書
赤教育上書器者易搜索、一、府縣及公私各
所關教育上書器類扵外國者、隨時宜而
學校教員、及教育家有請就舘內所列物

규칙

교육박물관은 교육상 필요한 여러 가지 자료인 금석·초목·조수·충어·수륙동식물을 갖추고, 학생들의 관람과 조사·탐구에 도움을 주며, 해설, 모조, 도사를 하여 세상에 그 쓰임을 도모하게 한다. 그 규칙을 기록하면 아래와 같다.

1. 본 박물관에 수집한 자료는 도서 및 학교모형, 동식물, 금석류와 관계되고, 기타 학교에서 사용하는 의자, 탁자 등으로 모두 교육과 연관되는 것이다.

1. 서적류는 별도로 하나의 방에 설치해 두는데, 그 책은 학사보고, 학교규칙에 관계되는 것과 교육자의 참고서, 교과서, 교육 잡지 등이다.

1. 국내외에서 간행한 도서나 도구의 목록을 두어 교육상 필요한 도서나 도구를 구입하고, 필요한 자에게 쉽게 찾을 수 있게 한다.

1. 부·현 및 공립·사립학교 등에서 교육상 필요한 도서나 도구를 외국에서 구입하고, 필요한 자에게는 사정에 따라 요청하는 데 응하고 그 중개 역할을 한다,

1. 학교 교원 및 교육자가 본 박물관에 진열한 자료에 대해 학술·연구와 관련하여 요청하는 자가 있으면 사정에 따라 허가한다.

1. 본 박물관에 진열한 자료 및 도서는 외부로 가지고 나갈 수 없다. 단, 관장의 특허를 얻은 자는 이에 제한 받지 않는다.

1. 동물의 박제 및 골격, 식물·금석표본, 기타 교육상 편익을 주는 것은 본 박물관에서 제작하여 교육의 참고자료로 제공하며, 필요한 자에게는 사정에 따라 그 요청에 응한다.

1. 진열된 자료는 제작자의 성명·족적을 기록하며, 동식물·금석 등은 산지 이름을 아울러 기재한다.

1. 수집한 자료는 모두 종류별로 구별하고 또 해설 목록을 간행한다.

1. 본 박물관에 자료를 기증한 자가 있으면 그 성명을 기재하여 진열하고, 본인에게 영수증을 교부한다.

1. 부·현 및 공립·사립학교 등에서 기증한 학사보고 및 시험한 학생의 답안, 제작품의 종류에 대해서는 그것을 영구히 보존하여 진열하더라도 때때로 새것과 옛것을 교환하도록 한다.

1. 자료에 대해 교육과정상의 이치를 강구하거나 기구의 편리성 여부를 설명하기 위해 그것을 유지하는 사람을 부르고, 또 관련학자를 초빙하여 서로 만나도록 한다.

1. 본 박물관은 매월 월요일 및 매년 12월 28일부터 1월 3일까지 열며, 기타 매일 일정한 시간에 한해 열고 닫는다.

1. 정신병이나 술에 취한 자로 인지되면 박물관 출입을 허가하지 않는다.

1. 관내에서는 시끄럽게 떠들어서는 안 되며, 거칠고 사나운 행동을 하지 말아야 한다.

1. 본실의 개폐 시한은 본관과 같다. 그러나 매년 여름과 가을 즈음 2주일은 폭서기로 삼아, 이 시기 중에는 본실을 닫는다.

1. 도서와 자료를 빌리는 기한은 동경부 산하에 있는 자는 3주일간이고, 다른 부·현 산하에 있는 자는 왕복 날짜를 빼고 6주일간인데, 반납 때가 되면 반드시 반납해야 한다. 단, 도서는 반납 기일 이내일지라도 폭서기에 이르면 반드시 반납해야 한다.

1. 빌린 도서나 자료를 분실하거나 더럽히고 망가뜨리면 마땅히 똑같은 도서나 자료를 구입하거나 그에 상당한 금액을 변상해야 하며, 변상이 마무리 되지 않으면 다른 도서나 자료를 빌릴 수 없다.

學士會院

規則

一、設本院之意、在討議教育之事、評論學術

一、會員限四十八人、〔從現今為二十一人為〕一、選會員之法、本
卿可之、一、舉會員以投標多寡定之、若二人
則舉年長者一、會員每年受金三百圓、一、會
姓氏頭字配當伊呂波之順次以定之、〔譯者本邦
為長歌者、適胎炙海内人口、〕一、會員中、選定會長一人甘
一、會長統轄本院、一、會長發議案討論可否
會員同、一、本員書記為五人以下、一、書記屬
院庶務、一、發議案者記其意旨出之、一、他府
員中有主之者、則得付之討論、一、文部卿及

규칙

1. 본원을 설립한 뜻은 교육과 관련되는 일을 토의하고 학술이나 기예를 논평하는 데 있다.

1. 본원의 회원은 40인으로 한정한다.[단, 오늘날[명치유신 당시]은 21인이다.]

1. 회원을 선발하는 방법은 본원에서 추천하고 문부경이 인가한다.

1. 회원의 추천은 투표를 통해 다수결로 정하며, 2인 이상이 추천했는데 그 수가 같으면 연장자를 우선 추천한다.

1. 회원은 매년 금 3백원의 지원금을 받는다.

1. 회원의 차례는 성씨의 머리글자를 이여파[가나다]의 순서에 따라 배당하여 정한다.[통역하는 이가 말하기를, "이여파는 일본의 가나 48자를 모아 노래로 만든 것인데, 세상 사람들의 입에 회자되었다."고 했다.]

1. 회원 중에 회장 1인을 선정하고, 재임 기간은 6개월로 한다.

1. 회장은 본원을 거느려 다스린다.

1. 회장은 발의안, 토론의 가부, 투표 등 모든 활동에서 회원과 같다.

1. 본원의 서기는 5인 이하로 한다.

1. 서기는 회장에 소속되어 본원의 서무를 정리한다.

1. 의안을 내는 자는 그 의의와 요지를 기록하여 제출한다.

1. 다른 곳에 송치하는 안건을 회원 중에서 주장하는 자가 있으면 토론에 붙이도록 한다.

1. 문부경 및 그 대리인은 본원 회의에 참석하여 의안을 내고 토론할

수 있다.

1. 문부경 및 그 대리인은 안건의 가부와 투표에 참여할 수 없다.

1. 본원의 의사결정은 논평과 토의를 위주로 한다. 그러므로 회원 과반의 의론이 아니면 반드시 가부를 결정하지 못한다.

1. 가부를 요구하는 것이면 다수에 의하여 결정한다.

1. 회원 3/4이상의 찬성으로 동의를 결정하고, 문부경의 인가를 거친다.

1. 매월 15일에 모여 회의한다.

1. 본원의 모든 경비는 문부성에서 지급한다.

행호군 신 조준영[51]이 위와 같이 보고합니다.

---

51) 필사본 자료에는 성은 드러나 있고 이름이 지워져 있으나, 규장각 소장자료 해제와 조사
시찰단에 참여한 인물로 볼 때 조준영(趙準永)이 필사하여 보고한 것으로 추측된다.

文部省 所轄目録

文部省

沿革

日主四年[辛未], 創置本省. 日主初元, 以東京舊開成所, 為學校, 傭外國人, 為教師, 大行洋法. 又以東京舊昌平校, 為學校, 翌年改昌平校, 稱大學校. 尋改大學校, 稱大學, 開成校, 稱南校, 醫學校, 稱東校. 至是年七月, 廢大學, 置文部省, 使揔制教育事務, 管掌大·中·小學校, 先是大學所管, 止於大學·東·南校及大坂開成所·理學所·醫學校, 長崎廣運館·醫學校, 所管理, 止於海外留學生徒, 未及全國學政, 及置本省, 總管全國教育衛生事務. 於是大革舊大學面目, 自是以來, 職制之廢置不一, 歲費之增減無常, 事務章程, 以時變易, 學所教令, 頻年改定. 凡所沿革, 不可殫述, 署舉現今施行之槩, 列錄如左.

職制

學校之官, 舊有頭取及知學事·正權判事·得業生·寫字生·寮長之屬. 至四年, 始定大·中·小博士, 大·中·小教授, 正權大·中·小助教等教官, 及置本省, 有卿, 與大·少輔, 大丞之官, 後置大·小監, 及大·中·小督學, 尋廢大·小監, 更置大·中·小視學及書記. 改正大·中·小學教員之等次, 及學位之稱, 以博士·學士·得業生三等, 為學位. 十年, 廢大丞, 以下官, 置大書記官·權大書記官·少書記官·權少書記官. 現今官員, 卿一人, 月給金五百圓, 統率部下官員, 總理主管百般之事務, 部下官員, 進退黜陟, 奏任以上具狀奏之, 判任以下專行之, 所主任施行之法案, 則得列元老院之議場, 辯論其利害. 大輔一人, 月給金四百圓, 輔卿之職掌, 若卿有故, 則得為其代理. 少輔一人, 月給金三百五十圓, 掌亞大輔. 大書記官二人, 月給金各二百五十圓, 權大書記官三人, 月給金各二百圓. 少書記官三人, 月給金各一百五十圓, 權少書記官一人, 月給金一百圓, 受卿之命, 各幹其主務. 屬官, 自一等屬, 至十等屬, 為九十六人, 等無定額, 以勞次陞. 又有御用掛二十七人, 上項月給金, 自六十圓至十二圓, 各從事庶務.

事務章程[附九條]

四年, 以東京府中·小學校, 為本省直轄, 後至頒布學制, 悉隷之東京府. ○

改正東·南两校敎則, 先是置正·變二則, 至是廢變則. 聘外國敎師於各國, 增其員, 更選俊秀生徒, 留學於外國[外國敎師, 以外國語授業, 爲正則, 日本敎師, 併外國語與譯語授業, 爲變則]. 五年, 始頒學制於全國. 六年, 廢本省日誌, 作本省報告及雜誌, 頒之, 盖審敎育學術及外國新聞關敎育等事也. 七年, 分本省中事務, 爲四課, 一局, 各置長, 專任其責. 一曰學務課, 掌關學校敎師生徒等事務. 二曰會計課, 掌査衆省中之財務及直轄各部之出納. 三曰報告課, 掌關省務諸報告臨時編集及印行雜誌等事. 四曰准刻課, 掌准許印行圖書事. 五曰醫務局, 掌關衛生諸事. 八年, 合博物會, 事務局, 博物舘, 書籍舘, 小石川植物園, 屬本省. 九年, 遣本省大輔於亞米利加, 觀博覽會. 十年, 翻譯大學所用敎科書[先是大學諸科, 槪用外國語授之, 至是翻譯之, 將用國語敎之也]. 十一年, 自十年七月, 至本年六月, 調理往復文書, 八千九百五十八件, 印刷本省第三年報, 五千部, 刊行敎育雜誌, 二十四萬六千九百五十部, 刊行本省雜誌, 一千八百部, 刊行敎科圖書等二十九種, 三萬六千八百七十三部. 本年七月, 至十二月, 調理文書, 四千三百四十一件, 印刷本省第四年報, 五千五百部, 刊行本省日誌, 八千四百部, 刊行敎育雜誌, 十萬五千七百五十部, 刊行敎科圖書等十一種, 二萬二千五百部. 以本邦敎育, 偏於育知而薄於育體, 設體操傳習所, 聘外國體操專門敎師, 以授生徒. 十二年, 禁翻刻本省所刊行圖書者, 猥加訓注解等, 變摠體面, 不得其當, 多害敎育也. 第一, 廢置官立學校及幼穉園, 書籍舘, 博物舘等. 第二, 派遣部下官吏及生徒於外國. 第三, 廢置各局及命局長, 或免之. 第四, 定各局之處務規程. 第五, 與學位之稱. 第六, 定官立學校之學則. 第七, 布達主管之事務. 第八, 傭外國人, 又鮮傭. 第九, 新創事, 又變更舊規.

經費

五年九月, 本省定額金, 一年爲二百萬圓, 六年一月, 減爲一百三十萬圓. 八年一月, 復定二百萬圓, 七月又減爲一百七十萬圓. 九年定爲一百七十萬四千八百圓, 十年又減爲一百二十萬圓. 十一年爲一百十四萬圓, 十二年爲一百十三萬九千九百七十圓. 至十三年, 歲計入額金, 一百十八萬一千一百

圓, 應用本省二十五萬八千五百五十八圓, 東京大學校二十六萬七千七百零三圓, 東京醫學部十三萬九千四百四十九圓, 大坂中學校五萬九千圓, 東京外國語學校四萬八千三百三十二圓, 東京師範學校三萬二千圓, 東京女子師範學校二萬二千二百圓, 東京職工學校三萬五千圓, 圖書舘一萬圓, 教育博物舘一萬五千圓, 學士會院八千二百七十八圓, 體操傳習所一萬五千五百八十圓, 府·縣師範學校輔助七萬圓, 府·縣小學校輔助二十萬圓.

學校誌畧

設置本省後, 改大學校, 稱大學, 改東京開成校, 稱大學南校, 改東京醫學校, 稱大學東校, 或單稱東校南校. 又改東校曰: 第一大學區東京醫學校, 南校曰: 第一大學區東京第一番中學, 洋學所曰: 第二番中學, 大坂開成所曰: 第四大學區大坂第一番中學, 大坂醫學校曰: 第四大學區大坂醫學校, 長崎廣運舘曰: 第六大學區長崎第一番中學, 長崎醫學校曰: 第六大學區長崎醫學校. 設督學局於東京, 創設師範學校於東京, 又設女子學校女子師範學校. 後又稱大坂中學曰: 開明學校, 長崎中學曰: 廣運學校. 六年, 改定全國八大學區及大學本部, 第一大學區, 以東京府為大學本部, 第二大學區, 以愛知縣為大學本部, 第三大學區, 以大坂府為大學本部, 第四大學區, 以廣島縣為大學本部, 第五大學區, 以長崎縣為大學本部, 第六大學區, 以新潟縣為大學本部, 第七大學區, 以宮城縣為大學本部. 現今東京所在學校, 大學法·理·文三學部, 大學豫備門, 大學醫學部, 師範學校, 附屬小學校, 女子師範學校, 附屬幼稚園, 外國語學校, 體操傳習所.

教育令[十三年十二月, 改正頒布]

一, 文部卿, 統攝全國教育事務·學校·幼稚園·書籍舘, 不問公立·私立, 皆為文部卿所監督. 一, 學校, 為小學校·中學校·大學校·師範學校·農學校·商業學校·職工學校, 自餘諸般學校. 一, 小學校, 為授普通教育兒童之所, 其學科, 為脩身·讀書·習字·筭術·地理·歷史等扚步, 準土地情況, 加罫畫·唱歌·體操, 或物理·生理·博物等大意. 女子設裁縫一科, 若有不得已 脩身·讀書·習

字·筭術·地理·歷史中, 得減地理·歷史. 一, 中學校, 為授高等普通學科之所. 一, 大學校, 為授法學·理學·醫學·文學等, 專門諸科之所. 一, 師範學校, 為養成教員之所. 一, 專門學校, 為授專門一科之所. 一, 農學校, 為授農耕學業之所. 商業學校, 為授商賈學業之所. 職工學校, 為授百工職業之所. 以上所揭, 不論何學校, 各人皆得設置之. 一, 各町·村, 從府知事, 縣令指示, 獨立或聯合, 要建足教育學齡兒童小學校[但私立小學校, 可以代小學校, 經府知事·縣令之認可, 不必別設置]. 一, 各町·村, 所設小學校, 獨立或聯合區域, 置學務委員, 使幹理學務, 學務委員, 以戶長, 加其員[但人員多寡, 給料有無及費額, 區町·村, 會議決之, 經府知事·縣令之認可]. 一, 擇學務委員, 町·村人民, 薦擧定員二倍若三倍, 府知事·縣令, 就而撰任[但薦擧規則, 府知事縣令起草, 經文部卿之認可]. 一, 學務委員, 屬府知事·縣令之監督, 掌兒童就學及學校之設置保護. 一, 凡兒童, 自六年, 至十四年, 八年間為學齡. 一, 令學齡兒童, 就學, 為父母·後見人之責任. 一, 父母·後見人, 有學齡兒, 未卒小學科三年課程者, 非不得已者, 每年不可少十六週以上就學. 又學齡兒童, 雖卒小學科三年課程者, 非有相當理由, 不可少就學[但就學督責規則, 府知事·縣令起草, 經文□□□] 一, 小學校學期, 為三箇年以上, 八箇年以下, 授業日數, 一年為三十二週日以上[但授業時間, 一日不少三時, 不多六時].一, 不入學齡兒童於學校, 又不依巡回授業法, 而別欲授普通教育, 須經郡·區長之認可[但郡·區長, 要使試驗兒童學業於町·村學校]. 一, 町·村之設小學校之資, 將設巡回授業法, 授普通學科於兒童, 則經府知事·縣令之認可. 一, 學校, 有公立有私立, 以地方稅若町·村公費設立, 為公立學校, 以一人若數人私費設立, 為私立學校. 一, 公立學校·幼稚園·書籍舘等之廢立, 府·縣, 經文部卿認可, 町·村, 經府知事·縣令認可. 一, 設置私立學校·幼稚園·書籍舘等, 經府知事縣令之認可, 廢止則亦申報府知事·縣令[但私立學校, 代公立學校者, 廢止, 經府知事·縣令之認可]. 一, 町·村, 所立私立學校·幼稚園·書籍舘等, 廢止規則, 府知事·縣令起草, 經文部卿之認可. 一, 小學校教則, 基文部卿, 所頒之大綱, 府知事·縣令, 準土地情況, 編制之, 經文部卿之認可, 施行管內[但府知事·縣令, 以所施行教則, 有難準擄, 將斟酌增減之, 則陳意見, 經文部卿之

認可]. 一, 公立學校費用, 係府·縣會議定者, 則地方稅支辦之, 掛町·村人民協議者, 則町·村費, 支辦之. 一, 以町·村費, 所設置保護學校, 若仰要補助於地方稅, 經府·縣會議, 得施行之. 一, 公立學校地, 免稅. 一, 凡供學事寄附金, 寄附人, 所指定目途之外, 不得支消. 一, 各府·縣, 設師範學校, 養成小學教員. 一, 公立師範學校, 卒業生徒, 試驗已畢, 與卒業證書. 一, 公立師範學校, 雖不入學本校者, 請卒業證書, 試驗其學業, 合格者, 與卒業證書. 一, 教員, 不問男女, 年齡十八以上[但品行不正者, 不得爲教員]. 一, 小學校教員, 必帶官立·公立師範學校卒業證書者[但雖不帶師範學校卒業證書者, 府知事·縣令, 與教員免許狀者, 在其府·縣, 得爲教員]. 一, 文部卿, 時遣吏員, 巡視府·縣學事實況. 一, 不問公·私學校, 不得拒文部卿所發遣吏員. 一, 府知事·縣令, 每年記載管內學事之實況, 申報文部卿. 一, 凡學校, 男·女不得同敎場[但小學校, 男·女同敎場, 不亦妨]. 一, 凡學校, 收授業料與否, 任適宜. 一, 凡兒童, 非歷種痘若天然痘者, 不得入學. 一, 罹傳染病者, 不得出入學內. 一, 凡學校, 不可生徒體罰[毆或縛類]. 一, 試驗生徒, 其父母若後見人, 得來觀. 一, 町·村, 所立學校教員, 因學務委員, 申請府知事·縣令, 任免之. 一, 町·村, 所立小學校教員俸額, 府知事·縣令 制定之, 經文部卿之認可. 一, 各府·縣, 準土地情況, 可設置中學校, 及設專門學校·農學校·商業學校·職業學校等.

大學法·理·文三學部

記畧

德川七代將軍家宣, 始倡西法, 使人就和蘭人, 學其言語·醫術·曆筭, 諸學術漸行於世. 家宣子, 吉宗, 設天文臺於江戶, 製簡天儀, 掌曆筭推步. 始置翻譯局, 擢和蘭學者, 譯和蘭書, 稱蕃書和鮮方. 後改翻譯局, 稱翻書調所, 行開校式, 許幕府士人及諸蕃士入學, 並講英·佛·獨·魯書. 後設化學·物産學·數學三科, 稱本校爲洋書調所, 旋改校名, 稱開成所. 日主元年, 再興開成所, 新撰教則, 二年始開教場, 更置講習所. 傭米人, 爲英·佛·獨語學教師, 改校名, 稱大學南校, 改化學所, 爲理學所. 令諸蕃, 舉俊秀十六歲以上二十歲以下, 入本校, 稱貢進生. 又選拔生徒, 使留學英國, 又開博覽會. 四年七月, 廢太學,

置文部省, 改本校, 單稱南校, 八月, 又改稱第一大學區第一番中學. 六年, 改校名, 稱開成學校, 設法·理·工·諸藝·礦山學五科, 法·理·工三科, 以英語, 諸藝學科, 以佛語, 礦山學科, 以獨逸語. 七年, 畫校內一室, 為書籍閱覽室, 使生徒, 以餘暇繙閱和·漢·洋書籍, 法·化·工三科外, 更置豫科. 十年, 行講義室開講式. 四月, 文部省, 以本校及東京醫學校, 稱東京大學, 分為法·理·醫·文四學部, 而置法·理·文三學部於本校, 東京英語學校, 為東京大學豫備門. 十一年 五月, 命法學科·土木工學科, 卒業生各一名, 留學英國, 物理學科卒業生一名, 留學佛國. 九月, 改學期制及就業規則, 為不暇遵本則, 履各學科者, 設撰科一則.

編制及教旨

一, 東京大學, 綜法學部·理學部·文學部·醫學部, 而法學部, 置法學科, 理學部, 置化學科, 數學·物理學·星學科, 生物學科, 工學科, 地質學科, 採礦·冶金學科, 文學部, 置哲學·政治學·理財學科, 和漢文學科, 就各學科中, 專教一科為旨. 一, 東京大學豫備門, 屬東京大學, 為法·理·文學部之所管. 凡生徒入本部者, 先由豫備門, 修普通學科.

學科課程

一, 法·理·文學部諸學科課程, 為四周年, 生徒階級, 為四等. 一, 法學部生徒, 皆修同一學科, 理學部設六學科, 文學部設二學科, 而理文兩學科生徒, 隨其所好, 專修一科. 一, 各學部, 期以邦語, 敎生徒. 然現今姑用英語, 兼習佛蘭西·獨逸兩國語之一, 如法學生徒, 必兼學佛蘭西語. 一, 各學部課目, 如左.

法學部

一, 本部, 以敎本邦法律, 為本旨, 旁授英吉利, 法蘭西法律之大綱. 第一年: 英文學及作文, 一年間[每週四時]; 倫理學, 半年間[每週二時]; 心理學大意, 半年間[每週二時]; 史學[佛國史, 英國史], 一年間[每週三時]; 和文學, 一年間[每週二時]; 漢文學及作文, 一年間[每週四時]; 佛蘭西語, 一年間[每週三

時] 第二年: 日本古代法律, 一年間[每週二時]; 日本現今法律[刑法], 一年間
[每週二時]; 英吉利法律[緒論 ○刑法 ○結約法 ○不動産法 ○私犯法], 一
年間[每週六時]; 英吉利國憲, 一學期[每週三時]; 佛蘭西語, 一年間[每週三
時] 第三年: 日本古代法律[大寶令], 一年間[每週一時]; 日本現行法律[治罪
法 ○訴訟演習], 一年間[每週二時]; 英吉利法律[結約法 ○衡平法 ○訴訟法
○證據法 ○海運法 ○家族法 ○訴訟演習], 一年間[每週九時]; 佛蘭西法律
要領[刑法], 一年間[每週三時] 第四年: 日本古代法律[大寶令], 一年間[每週
一時]; 日本現行法律[治罪法 ○訴訟演習], 一年間[每週二時]; 英吉利法律
[海上保險法, 訴訟演習], 一年間[每週二時]; 列國交際法[公法, 私法], 一年
間[每週三時]; 法論, 一年間[每週三時]; 佛蘭西法律要領[民法], 一年間[每
週三時]; 卒業論文.

理學部
一, 本部, 設六學科, 化學科, 數學·物理學及星學科, 生物學科, 工學科, 地質
學科, 採鑛學·冶金學科. 一, 第一年課程, 各學科無有異同, 後三年從本人所
撰, 專修一學科. 一, 各學科, 第三年及第四年教員, 為生徒, 設漢文講義, 隨
意聽講.

諸學科
第一年: 數學[代數, 幾何], 一年間[每週四時]; 重學大意, 二學期[每週二時];
星學大意, 一學期[每週三時]; 化學[無機, 實驗], 一年間[每週四時]; 金石學
大意, 半年間[每週二時]; 地質學大意, 半年間[每週二時]; 畵學, 一年間[每週
二時]; 論理學, 半年間[每週二時]; 心理學大意, 半年間[每週二時]; 英吉利
語, 一年間[每週四時].

化學科
第二年: 分析化學[檢質, 分析], 一年間[每週十二時]; 有機化學, 一年間[每
年二時]; 物理學, 一年間[每週四時]; 金石學, 一年間[每週二時]; 英吉利語,

一年間[每週二時]; 佛蘭西語, 或獨逸語, 一年間[每週二時]. 第三年: 分析化學[定量, 分析], 一年間[每週二時]; 製造化學, 一年間[每週三時]; 冶金學, 一年間[每週四時]; 物理學, 一年間[每週三時]; 佛蘭西語, 或獨逸語, 一年間[每週二時]. 第四年, 分析化學[定量分析 ○試金], 一年間[每週二十一時]; 製造化學, 一年間[每週三時]; 卒業論文.

數學·物理學及星學科

一, 本科, 教數學·物理學·星學三學, 各年不同課目, 生徒至第二年三年中, 從其所欲, 專修一學. 第二年: 純正數學, 一年間[每週八時]; 物理學, 一年間[每週六時]; 星學, 一年間[每週六時]; 重學, 一年間[每週四時]; 分析化學[物], 一年間[每週三時]; 英吉利語, 一年間[每週二時]; 佛蘭西語或獨逸語, 一年間[每週二時]. 第三年: 純正數學[數量], 一年間[每週三時]; 應用數學, 一年間[每週四時]; 物理學, 一年間[每週六時]; 分析化學[物], 一年間[每週四時]; 星學[數, 星], 一年間[每週六時]; 佛蘭西語或獨逸語, 一年間[每週二時]. 第四年: 純正數學[數, 星], 一年間[每週五時]; 應用數學, 一年間[每週五時]; 物理學, 一年間[每週八時]; 星學[數, 星], 一年間[每週六時]; 卒業論文.

生物學科

一, 本科者第四年, 即於最後一年間, 從本人撰, 使專修動物學或植物學之一課目. 第二年: 動物學, 一年間[每週八時]; 植物學, 一年間[每週八時]; 生理化學, 半年間[每週二時]; 英吉利語, 一年間[每週二時]; 佛蘭西語或獨逸語, 一年間[每週二時]. 第三年: 動物學, 一年間[每週十時]; 植物學, 一年間[每週十時]; 古生物學, 一年間[每週二時]; 佛蘭西語或獨逸語, 一年間[每週二時] 第四年: 動物學, 一年間[每週三十六時]; 植物學, 一年間[每週二十時]; 卒業論文.

工學科

一, 本科者第四年, 即於最後一年間, 從本人撰, 使專修機械工學或土木工學

之一課目. 第二年: 數學, 一年間[每週五時]; 重學, 一年間[每週四時]; 物質
強弱論, 一年間[每週二時]; 陸地測量[講義 ○野外及舘內實驗], 一年間[每
週四時]; 物理學, 一年間[每週四時]; 機械圖, 一年間[每週四時]; 英吉利語,
一年間[每週二時]; 佛蘭西語或獨逸語, 一年間[每週二時]. 第三年: 熱動學
及蒸氣機關學, 一年間[每週二時]; 結搆強弱論, 一年間[每週二時]; 機械學,
一年間[每週二時]; 道路及鐵道測量及構造, 一年間[每週六時]; 物理學, 一
年間[每週六時]; 機械圖, 一年間[每週四時]; 佛蘭西語或獨逸語, 一年間[每
週二時]. 第四年: 機械工學, 機械計畫製圖實驗, 材料試驗, 機械塲實驗, 卒
業論文, 土木工學, 一年間[每週十二時]; 橋梁構造, 測地術[講義 ○野外及
舘內實驗], 海上測量, 治水工學, 造營學, 二學期[每週二時]; 應用地質學, 一
年間[每週一時]; 卒業論文.

地質學科

第二年: 地質沿革論, 一年間[每週二時]; 金石學, 一年間[每週二時]; 金石識
別, 一年間[每週一時]; 檢質分析, 一年間[每週五時]; 吹管檢質分析, 一年間
[每週二時]; 採鑛學, 一年間[每週三時]; 陸地測量及地誌圖, 一年間[每週四
時]; 動物學, 一年間[每週二時]; 植物學, 一年間[每週二時]; 地質巡檢, 英吉
利語, 一年間[每週二時]; 佛蘭西語或獨逸語, 一年間[每週二時]. 第三年: 古
生物學, 一年間[每週二時]; 識別實驗巖石, 一年間[每週一時]; 識別實驗化
石, 一年間[每週二時]; 測量地質及變動地質學, 一年間[每週二時]; 石質學,
一年間[每週一時]; 乏量分析, 一年間[每週十時]; 巡檢地質, 佛蘭西語或獨
逸語, 一年間[每週二時]. 第四年: 識別實驗巖石, 一年間[每週二時]; 識別實
驗化學, 一年間[每週三時]; 用顯微鏡查察巖石及金石[講義及實驗], 一年間
[每週三時]; 測量地質及表面地質學, 一年間[每週三時]; 應用地質學, 一年
間[每週一時]; 巡檢地質; 卒業論文.

採鑛·冶金學科

第二年: 採鑛學, 一年間[每週三時]; 金石學, 一年間[每週二時]; 石質學, 一

年間[每週一時]; 測量陸地, 一年間[每週四時]; 應用重學, 一年間[每週四時]; 識別金石, 一年間[每週一時]; 檢質分析, 一年間[每週八時]; 機械圖, 一年間[每週二時]; 英吉利語, 一年間[每週二時]; 佛蘭西語或獨逸語, 一年間[每週二時]. 第三年: 冶金學, 一年間[每週四時]; 吹管檢質分析, 一年間[每週三時]; 淘汰鑛礦法, 一年間[每週二時]; 定量分析, 一年間[每週十時]; 機械圖, 一年間[每週二時]; 地質沿革論, 一年間[每週二時]; 鑛山操業實驗, 佛蘭西語或獨逸語, 一年間[每週二時]. 第四年: 試金, 一年間[每週五時]; 地中測量, 一學期[每週一時]; 定量吹管分析, 一年間[每週三時]; 鑛業計量, 一年間[每週四時]; 淘汰鑛礦法及冶金學試驗, 一年間[每週四時]; 應用地質學, 一年間[每週一時]; 造營學, 二學期[每週三時]; 測量實驗地中; 巡視鑛山; 卒業論文.

文學部

一, 本部中, 設二學科, 哲學·政治學·理財學科, 和漢文學科. 一, 第一學科, 與第二學科者, 其第一年課程, 已有所異, 故於第一年初, 使生徒, 撰之其可專修一學科. 一, 第一學科者, 使悉履修第二·第三両年間課程所載之諸科, 至第四年, 就哲學·政治學·理財學中, 使撰一課目專修之, 且使撰其餘二課目, 及史學中之一課目, 兼修之. 一, 第一學科苐四年英文學及漢文學者, 生徒學之與否, 雖任其意, 漢文則必使作之. 一, 第二學科者, 以三年間使專修和漢古今文學, 為旨, 且三年間, 使兼學英文學或史學或哲學. 一, 別置佛書講義一課, 使文學部生徒, 随意聴講之. 第一年: 和文學, 一年間[每週二時]; 漢文學及作文, 一年間[每週四時]; 史學[佛史, 英史], 一年間[每週三時]; 英文學及作文, 一年間[每週四時]; 論理學, 半年間[每週二時]; 心理學大意, 半年間[每週二時]; 佛蘭西語或獨逸語[獨, 修第一科者課之], 一年間[每週三時].

哲學·政治及理財學科

第二年: 哲學[哲學史, 心理學], 一年間[每週四時]; 史學[英國憲史], 一年間

[每週三時]; 和文學, 一年間[每週二時]; 漢文學及作文, 一年間[每週四時]; 英文學[文學史, 作文及批評], 一年間[每週三時]; 佛蘭西語或獨逸語, 一年間[每週三時] 第三年: 哲學[道義學], 一年間[每週三時]; 政治學, 一年間[每週三時]; 理財學, 一年間[每週三時]; 史學[希臘史, 羅馬史], 一年間[每週三時]; 和文學, 一年間[每週二時]; 漢文學及作文, 一年間[每週四時]; 英文學[作文及批評], 一年間[每週三時] 第四年: 哲學, 一年間[每週五時]; 政治學及列國交際公法, 一年間[每週四時]; 理財學, 一年間[每週三時]; 史學, 一年間[每週三時]; 漢文學及作文, 一年間[每週三時]; 英文學[批評及解析], 一年間[每週三時]; 卒業論文.

和漢文學科

第二年: 和文學及作文, 一年間[每週五時]; 漢文學及作文, 一年間[每週九時]; 英文學或史學或哲學, 一年間[每週三時] 第三年: 和文學及作文, 一年間[每週五時]; 漢文學及作文, 一年間[每週十時]; 英文學或史學或哲學, 一年間[每週三時] 第四年: 和文學及作文, 一年間[每週五時]; 漢文學及作文, 一年間[每週十一時]; 英文學, 或史學, 或哲學, 一年間[每週三時]; 卒業論文[和·漢両文].

教科細目

日本古代法律 〇法學·文學 第一年課: 講授『貞永式目』; 法學第二年課: 講授『憲法志料』, 『制度通』; 第三年課: 講授『大寶令』; 第四年課: 兼講修『大寶令』及『法曹至要抄』〇生徒平日, 所自讀課書, 如左[但第一年生之自讀書, 畧之]. 第二年課書: 『類聚三代格』, 『政事要畧』, 『續日本記』〇第三年課書: 『律疏殘篇』, 『令集解』, 『職原抄』〇第四年課書: 『建武式目』, 『金玉掌中抄』, 『延喜式』, 『裁判至要抄』. 日本現行法律 〇法學第二年課: 講授刑法. 第三年課及第四年課: 講授治罪法之餘暇, 使就司法裁判所, 旣決訴訟件, 作訴訟書·答辨書, 且每週一回, 使生徒, 假爲原告·被告·代言人, 演習法庭訴訟之事. 英國法律 〇擇所適於生徒之教科書, 講授之, 教授法, 教授先講解課

書之意, 就其所授起問, 使生徒答之, 若無所適於生徒之敎科書, 則以講義授
之. ○現今所用敎科書, 如左. 法律緖篇: 巴辣克思頓或弗兒武及哈土來, 著
『英國法律註釋』○憲法: 特利, 著『法律原論』; 亞橋思, 著『英國憲法』; 利伯
耳, 著『自治論』○結約法: 西密斯, 著『結約法』; 勃洛克, 著『結約法』; 蘭克特
兒, 著『結約法』·『摘要判決錄』○不動産法: 巴辣克思頓, 著『法律註釋』; 維
廉, 著『不動産法』○刑法: 卑涉, 著『刑法註釋』○私犯法: 弗婁�, 著『法律
註釋』○賣買法: 蘭克特兒, 著『賣買法』·『摘要判決錄』○衡平法: 伯燕, 著
『衡平法』; 斯內兒, 著『衡平法』○證據法: 斯知般, 著『證據法』; 伯斯特, 著
『證據法』○列國交際私法: 哈華兒頓, 著『萬國私法』○列國交際公法: 哈伊
頓, 著『萬國公法』○法論: 豪斯丁, 著『法論』; 墨因, 著『古代法律』. 佛蘭西法
律 ○佛蘭西法律, 第三年, 講授刑法, 第四年, 講授民法為규, 而唯本年·第
三年生, 講授佛國民法人事篇及刑法. 第四年生, 講授民法財産篇以下, 共以
佛蘭西法律書, 為敎科書, 使知其要領. 普通化學 ○理學部第一年, 使生徒,
試驗諸物, 而熟其在敎室所學之非金屬及化合物等製法及性質等, 以魯斯果,
著『無機化學』, 為敎科書. 分析化學 ○本科第二年, 使生徒, 專從事檢質·分
析, 始于單一塩類, 漸進及混合物, 而終于硏究亞兒古保兒類·有機酸類·塩
類等化學之變化, 有餘暇, 則令製作各種純粹有機物票本. ○第三年·第四
年, 使生徒, 專從事無機及有機物, 定量分析, 始於二三之合金類, 終於塩類
及糅雜之礦物, 但第三年生, 於終期, 使以容量及重量分析法, 泛驗之製造
物. ○第四年, 前半學年中, 使生徒, 專從事有機物之遠成分分析, 卽驗之炭
素·水素·塩素·燐素·硫黃及窒素等之成分, 又從事有機物之近成分分析, 卽
以重量分析法及回光分析法, 考查糖質, 且驗定穀類, 卽米等之成分, 及酒類,
卽淸酒·味淋酒等之成分, 又敎授水之分析法. ○第四年, 後半學年中, 使生
徒, 就其随意所撰卒業論文[生徒卒其業時, 必作文章, 名之曰, 卒業論文].之
題, 為實地試驗, 但其為實地試驗, 不得受敎員之指敎, 惟與學友, 有所講論
而已, 如其作文, 不可不生徒自撰述之. ○分析化學, 所用之敎科書: 多兒普,
著『檢質分析學』; 許利塞尼斯, 著『檢質分析學』; 戎, 著『實驗化學』; 多兒普,
著『之量分析學』; 許利塞尼斯, 著『化學分析』; 文克林, 著『水質分析法』; 撒

頓, 著『檢容定量分析法』. 應用化學 ○本科, 專以講義及圖畫, 敎導之, 以二年間, 爲程期, 講義之主題如左. 第一年, 卽化學第三年. ○可燃物化學, 亞兒珂理工業. 第二年, 卽化學第四年. ○含水炭素製造化學, 有機色料化學. 有機化學 ○所敎授之主題如左. 有機化學, 所以一名炭素化合物之化學之由, 炭素一微分子, 與他同質微分子, 化分之力, 有機物聚合生成. 根基體交換及元形說, 當適量及驗曾美理池啲, 有機分析, 分子定量法, 蒸氣調度法, 有機物判列及有機羣屬性質, 納特魯加兒盆, 脂肪物質, 揮發物, 德兒敏及干福兒, 有機塩基, 不經判列物質. 曾列摩耳, 著『有機學』, 爲敎科書. 純正及應用數學 ○第一年級, 純正數學所授, 平面解析幾何學, 卽拍克兒, 著『代數幾何學』, 自第一章, 至第十一章, 有餘暇, 則講授亞兒地斯, 著『立體幾何學』. 又應用數學, 第二及第三學期, 授重學大意, 其敎科書, 爲突土蕃太兒, 著『重學初步』. ○第二年, 所講修純正數學課目, 卽高等平三角及弧三角術, 立體幾何學, 微分積分學, 微分方程式, 其敎科書, 首布內, 著『三角術』; 亞兒地斯, 著『立體幾何學』; 土蕃太兒, 著『微分及積分學』; 布兒, 著『微分方程式』. 且以維廉遜, 著『加耳幾刺斯』[書名]; 普賴斯, 著『印希尼特西摩兒加耳幾刺斯』, 供參考. 又同年應用數學, 敎以重學, 但乏科書, 大抵敎以講義. ○第三年, 所敎授純正數學課目, 則高等代數學及加耳幾刺斯, 高等解析幾何學, 其所用敎科書及參考書, 爲突土蕃太兒, 著『方程式論』; 沙耳門, 著『高等代數』及『圓錐曲線法』·『立體幾何學』; 布洛斯德, 著『立體幾何學』; 突土蕃太兒, 著『積分學及加耳幾刺斯啞布白理埃戎』[書名]等. ○又應用數學, 第一學學期, 據巴兒均遜著書, 講授幾何光學, 且講授熱動力論. 又第二及第三學期, 授靜力學攝引理論, 光音波動論, 其敎科書及參考書, 用突土蕃太兒, 著『靜力學及攝引理論史』; 維李, 著『數學雜記』; 洛伊突氏, 著『光學』等. ○第四年, 純正數學, 講授高等加耳幾刺斯, 高等微分方程式, 其敎科書, 用布兒, 著『華內特德希廉西斯』[書名]; 突土蕃太兒, 著『漢克戎啞布刺布禮斯別設兒刺米』[書名]; 布兒, 著『微分方程式』; 維李, 著『數學雜記等』. 又本年, 講授近世幾何學及加特兒尼恩[書名], 且旁授日本數學, 敎科書, 用多溫設突, 著『近世幾何學』; 革蘭德氏·特多氏, 合著『加特兒尼恩』. ○第四年, 應用數學, 敎導動

力學流動力學, 其教科書, 為特多氏·斯知兒氏, 合著『微體動力學』; 老斯, 著『固體動力學』; 及陪散, 著『流動力學』, 其他尚講授電氣學·磁氣學等之數理大意, 以加閔克, 著『電氣學』, 為教科書, 以上所舉諸書之外, 關各課之書, 各年, 廣採供參覽引用. 物理學 ○本部中, 從事物理學者, 分為三學科, 即數學·物理學·星學科·工學科·化學科. ○第二年, 所學, 即簡易物理學試驗實修, 所測定尺度·質量時間等, 精微器械之用法, 觀測及其結果論, 最小平方律應用論, 機械物理學之簡易問題及同上論理之實地應用, 而本學年末期, 為熱學. ○第三年, 專講究理論及實驗光學·幾何學·熱動力論. ○在物理學科, 數學及星學生徒, 比之物理學專修生徒, 第二·第三兩年, 授簡易物理學. ○第四年, 專講究電氣及磁氣學, 且其理論外, 別在實驗室, 練習電力·磁力, 測定之實驗及應用電線之試驗. ○本年卒業論文之題, 期新探討一理之條件, 故使各生徒, 專攻特要精密之一事. ○所用教科書: 斯去亞兒, 著『物理學初步』; 德沙內兒, 著『物理學』; 果刺烏捨, 著『物理測定法』; 額諾, 著『物理學』; 涉伯內, 著『最小自乘法』; 維理, 著『觀測差違算定法』; 米理滿, 著『最小自乘法』; 布力, 著『物理實驗法』; 卑革凌, 著『物理實驗法』; 維理, 著『音學』; 斯去亞兒, 著『熱學』; 摩幾思乞, 著『熱學理論』; 然均, 著『電氣及磁氣學』; 甘明, 著『電氣理論』; 洛伊德, 著『磁氣學』; 維理, 著『磁氣學』; 斯播知士烏德, 著『光線分極論』; 維理, 著『光線波動論』; 洛伊德, 著『光線波動論』; 捨廉, 著『光線分析論』; 洛克牙, 著『分光鏡用法』; 巴均遜, 著『光學』; 冶巴列, 著『度量衡比較法』. 星學 ○理學第一年級, 第一學期, 授星學大意講義. 第二年課目, 論理星學, 數學及形象星學初步. ○教科書, 路米西氏·細甘氏·和顚氏, 著. ○實驗星學, 子午儀·天頂儀·紀限儀之運用, 測之時間及緯度, 用水平尺及分微尺法. ○教科書, 路米西氏及涉伯內氏, 著.

第三年課目, 論理星學, 觀測移筭法, 天體重學. ○教科書, 涉伯內氏·紬特果倫氏及刺布列氏, 著. ○實驗星學, 赤道儀觀測及移筭, 分光鏡及光線計使用, 卯酉儀測定緯度. ○教科書, 涉伯內氏, 著. 第四年課目, 論理星學, 行道, 攝道. ○教科書, 可烏斯氏·伯設兒氏·嬰百兒撒氏, 著. ○實驗星學, 子午儀觀測及移筭, 測之其子午圈恒差. ○教科書, 伯設兒氏及涉伯內氏, 著. 植物學

○生物學, 第二年, 每週二回, 講植物結搆及其生理, 且於實驗室, 就實地敎此二課. 又使生徒, 講明判之有花部種屬, 供其用植物, 日取之小石川植物園, 其在植物學, 實驗室授業, 每週六時為常. ○地質學, 第二年, 第一學期, 於實驗室, 授分析植物法, 使生徒, 通植物結搆及其天然分類. 第二全學期及第一·第三兩期之數週日, 講授植物形體論及生理論, 第三學期, 就本學期及前兩期中所講諸課, 於實驗室, 更敎導之, 其時間, 為每週二時. ○生物學, 第三年, 一年間, 每週二回, 講植物分類及應用. 但第二學期末及第三全學期, 授無花植物, 而於實驗室, 每週八時間, 課單子葉部中之禾本科及莎草科, 無花部中之石松類·蘋類·瓶爾小草類·木賊類·羊齒科·土馬駿類·地錢類. 諸業, 又雖敎授通長部係下等部屬者, 然精究之, 姑讓後日. ○生物學, 第四年, 敎授植物學, 專修生徒, 所講義, 則為地理及古生植物, 通長部及植物高等生理, 而試驗室諸業, 亦就同課目授之, 且使生徒, 別專究植物之一部類. ○參考書: 屈列, 著『植物學』; 白耳和兒, 著『植物學』; 撒克, 著『植物學』; 少米, 著『植物結搆及生理學』; 扁布列, 著『植物學初步』; 特甘德兒, 著『地理植物學』; 林特列, 著『藥用及應用植物學』; 白兒傑列, 著『無花植物學』; 德兒維, 著『蠹蔓草說』; 德兒維, 著『食蟲草說』; 德兒維, 著『植物界各自受精及交互受精說』; 斯保兒特, 著『日本植物說』; 撒白兒克, 著『日本植物說』; 米傑兒, 著『日本植物說』; 佛蘭設氏·撒巴設氏, 合著『日本植物目錄』; 撒林傑兒, 著『日本海草說』; 本唐, 著『香港植物說』; 巴母, 著『拉伊顚博物館植物記』; 麻幾西母維屈, 著『黑龍江植物說』; 屈列, 著『北米植物說』; 特甘德兒, 著『植物界』; 本唐氏及弗傑兒, 合著『植物屬類說』; 維特, 著『東印度植物圖說』; 巴母, 著『細亞巴嬰植物說』; 德利細斯, 著『禾本科說』; 巴特, 著『莎草科說』; 虎傑兒, 著『羊齒科說』; 米特紐斯, 著『利布斯植物園植物羊齒科說』; 虎傑兒, 著『英國植物羊齒科說』; 撒利含特, 著『合衆國土馬駿類及錢苔類說』; 白兒克列, 著『英國土馬駿類說』; 格克, 著『芝栭類說』; 白兒克列, 著『英國芝栭類說』; 多連, 著『芝栭類說』; 亞加兒特, 著『藻類說』; 加鄭, 著『藻類說』; 刺扁和兒斯多, 著『歐洲藻類說』; 哈標, 著『藻類說』; 林特列及哈頓合, 著『英國化石植物說』; 『草木圖說』; 『本草圖譜』; 『本草綱目啓蒙』; 『和漢三才圖會』; 『花彙』; 『本草綱目』.

動物學 ○第二年級, 授有脊動物, 比較解剖之講義, 且使為之實驗, 其目如左. 注射諸法的之脉管究查, 筋肉, 消化機, 骨相學, 泌尿生子機, 神經, 顯微鏡用法. ○第三年級, 授無脊動物, 比較解剖之講義, 且使為之實驗, 其目如左. 動物分類, 解剖各大部之動物, 感覺機及諸機關之生物組織學. ○第四年級, 使各生徒, 於實驗室, 專攻涉比較解剖及發生學之一事, 特授其講義. ○每週一回, 會第三年及第四年生, 使報告各自所研究之事項. ○地質學, 第二年級課目, 為動物分類及骨相學, 其序, 先教動物界中各大門至要的諸部, 次使研究解剖學及組織學, 以知動物分類之大意. 盖骨相學, 未修古生物學之前, 當豫修之學也. ○教科書: 屈老斯, 著『動物學大意』; 傑戈母巴維兒, 著『動物各大部』·『解剖大意』; 克斯列, 著『有脊動物解剖及無脊動物解剖』; 老列斯頓, 著『動物生活形質』; 巴兒保兒, 著『發生學大意及比較發生學』; 布列, 著『組織學書』; 尼果兒遜, 著『動物學書』; 慕兒斯, 著『動物學初步』. 土木工學 ○土木工學科, 第二年及第三年課目, 同機械工學科課目, 至第四年, 別為両級, 從各生徒所撰, 使專修機械工學, 或土木工學一課. ○各年普通課目外, 土木工學生, 修左諸課目, 第二年所學課目, 為陸地測量術, 即通常測量器之理解·實用及距離·面積計筭, 平準器之實用法, 製測量圖·地誌圖法也. 但第二年, 以時限已充, 使各生徒, 就上所記諸課目, 熟練實地經驗. ○第三年間, 所從事築造道路及鐵道法, 及研究土木業·諸材料者, 是也. 築造鐵道課, 直線·曲線布置法, 平準測量法, 平面圖·橫截面圖·平行測面圖[示沿道高低者].之製法, 及鑿道堤線之布置計筭屬焉. 每課, 逐序學之, 卒業後, 實驗之於野外, 其法, 先布置諸試線於數里間, 尋判之鐵線之位置, 敷設之而後, 製諸種詳細圖, 作諸種計筭, 及作諸種說明條款書等, 一如眞設鐵道者. ○築造道路課, 所學修, 為築造修繕村落市街道路諸方法, 就中要多學, 適日本之方法. ○土木工學生, 要考究石炭·漆炭·粘土, 石炭之性質, 且實驗之, 又研究所最要於土木業·諸材料之物質. ○第四年, 講習測地術·治水工學, 且自計畫諸土木工學. ○測地術, 教員口授之, 課中之目如左. 基線測量, 測點位置採擇, 號標設置, 角度測量, 用最小自乘法, 而調整測量之法, 決定緯度·經度, 持平經度之法, 量定觀象臺, 實驗測點之高低之法, 普通測地平準法, 製

地毯圖法等. ○治水工學中之目如左. 係流動體之數理論, 所示水道·河川流水之速力諸定式之評論, 築造運河法, 灌水法, 排汚法, 關洪水法諸工業, 修川流而便運輸, 保存堤防, 築造舫槽·橋脚及港埠之法, 其他, 使測量東京府下川流, 或品川港, 製其圖, 以研究水上測量於實地. ○第四年, 所修工事, 概如左. 木橋·石橋·鐵橋, 各一個, 其他, 各自所撰諸工業, 但要作完備計筭表及說明條款書. ○第四年期末, 卽卒業前, 使生徒, 撰係土木工學一題, 草卒業論文, 盖驗其學力, 果可受卒業證書否也. ○教科書及參考書: 第二年: 季兒斯裨, 著『陸地測量書』; 第三年: 邊克, 著『鐵道工學家必攜』; 麻漢, 著『土木工學』; 季路莫亞耳, 著『石炭煉·石炭沙製法及用法』; 和斯, 著『掌中鐵道工學書』; 巴犁, 著『鐵器械要說』; 第四年: 麻漢, 著『土木工學』; 蘭均, 著『土木工學』; 克拉克, 著『測地術』; 米利滿, 著『最小自乘法』; 路米斯, 著『實驗星學』; 倍克兒, 著『建築法』; 保斯, 著『鐵道工學家用書』; 杜老特尹, 著『工學家必携』; 漢巴兒, 著『鐵橋建築法』; 汝克遜, 翻譯, 加特兒, 著『水勢表』. 機械工學 ○第二年, 所履修課目有二, 第一, 重學, 第二, 物質強弱論. ○重學課目, 本原單位及因生單位, 單位保存法, 測度法, 實質速度·加速度等之說, 陪克特兒[示方位及長線之義]表示法, 和特克刺布[謂所接續, 發於點速力之度, 與示方位線之端之弧線]., 牛董氏運動律, 應逼力, 運動理論動靜學及靜勢學之別, 靜勢學課目, 力之組成及分素, 力率, 雙力, 散布力, 重心, 等布力及等變力, 平面惰力率, 液·汽両體之抑壓, 水壓機, 浮體之平均, 摩擦, 摩擦定固, 帶類摩擦, 動勢學, 力之完全測度, 勢力及動作, 勢力之保存, 動力率, 衝突, 分子回轉, 圓錐形的擺振, 單純循軌動, 單純擺子, 固體回轉, 受壓心性質, 集成擺子, 實質通動, 特蘭倍兒氏律, 移抵抗力及惰力於導點運動理論, 運動理論中之雜律, 瞬時軸, 回轉及直線動之組成, 瞬時軸畫線, 自由運動及緊縛之度, 依連鎖機直線動. 以上課, 工學·採鑛學·物理學·數學及星學, 諸生徒, 且時設適實問題, 使之於教室或私室, 觧明之, 以習熟應用重學之理於工學上, 後所記諸科, 亦然. ○物質強弱論. 工術用材料之製造及供辨法, 木材, 木材生長及伐材法, 木材乾晒及保存法, 鐵, 製鐵爐, 銑鐵種類, 製鑄為鍊鐵法, 鐵車, 鍊鐵種類, 鋼, 和炭鍊鋼法, 陪斯摩氏·細眠氏及數氏, 鍊鋼法, 鐵及鋼,

中混和物, 燒鍛法·燒硬法及燒鈍法, 他金屬及合金, 砂土鑄造法, 鑄物冷硬法, 物質試驗, 試驗器, 恒久重量·變更重量及急加重量之結果, 渦刺兒氏之試驗, 保安因數, 佛克氏之律, 試驗上確定不變數, 論機械及結搆之强弱, 足負其形狀與應逼力否, 材力數理. 大抵收之於第三年所課, 結搆强弱論中. ○第三年, 所履修課目有三, 第一, 結搆强弱論, 第二, 熱動力及蒸氣機關學, 第三, 機械學. ○結搆强弱論, 强弱定固及支桿繫柱計畫法, 橋及屋背架搆, 串孔關節, 釘縫接合法, 木工梁及聯結梁接合法, 連梁, 任轉扭軸, 汽鑵鐵甲及汽鑵鐵管, 懸鎖及懸橋, 鐵製彎梁, 擁壁烟突等. ○熱動學及蒸氣機關學, 勢力之保存變形及消耗通論, 天然勢力之源, 驗熱及溫度法, 驗溫噐分度法, 熱之移動·導熱·交換之理, 物體上熱之作用, 體內及體外之動作, 比熱·潛熱, 蒸氣及兀斯之性質, 保以兒斯查理, 如兒斯三氏之律, 額諾氏動作循環律, 反用熱機關, 功力制限, 斯太凌氏及愛犁克遜氏空氣機關, 蒸氣膨脹, 實際及推測視脹圖, 筒套, 加熱蒸氣, 復箭機關, 汽鑵及凝汽噐等·所要水量計筭, 筭定機關功力之法, 爐鑵製作及功力, 燃料, 蒸氣配分法, 汽筒器, 鏈鎖機運動, 拒絕숨, 節速器, 自動阻汽器, 蒸氣機關·各成及其製作詳觧, 起動諸器. 熱動理論部, 要第三年第一學期中, 卒之. ○機械學, 工塲諸工具, 機械所用工具, 機械運動之理, 機械摩擦功力, 機械計畫. 課此科之間, 要常示所備於工學職塲之工具及機器於生徒. 機械工學生徒, 至第三年末, 使之在橫須賀造舩所, 九月間, 親執工事, 以實驗機器工具之使用. 歸校之後, 第四年中, 使之計畫機器及作卒業論文. ○敎科書參考書: 第二年: 蘭均, 著『應用重學』; 他咮遜氏·底土氏, 合著『物理學』; 麻季斯維兒, 著『物質及運動論』; 諳特兒遜, 著『物質强弱論』. 第三年及第四年: 蘭均, 著『應用重學土木工學及蒸氣機關學』; 可特利兒, 著『蒸氣機關學』; 麻季斯維兒, 著『熱學』; 設列, 著『工塲機械說』; 克特布, 著『噐械學』; 曼尹, 著『機械計畫法』; 利克, 著『蒸氣機關論』. 圖學 ○圖學課程, 爲三年, 葢生徒, 在豫備門, 已習自在畫學, 故入本部, 則專授機械圖法. ○第一年, 授幾何圖法, 附以問題, 使之應用肄習. ○第二年, 就他畫圖, 或模型敎機械圖. ○第三年一學期, 授着色機械圖, 第二學期, 授橋梁及土木工業圖, 第三學期, 授着色地誌圖. ○本部, 所以敎此科之旨, 在授作各學科

成業上, 所必要各般圖之法, 故各生徒, 所演習課業不同, 因今不載之. 金石學及地質學 ○理學第一年, 專授金石晶形學之要領, 金石物理上, 即光線上之性質, 堅度比重及化學的之性質, 金石分類法, 而所最要於金石之詳記, 據答那, 著『金石學書』. 旁附適切於實地化學的之反應, 其係本邦所産者, 併載其産地. ○次金石學講義, 以地質學講義, 以示地毬全部之要領, 地質上之顯象, 地毬之構造說, 其變動及溫度比重等, 地質學中屬石質部, 巖石之講義, 特加詳細, 所謂構造地質學部, 自山嶽之構造, 至巖石之浸蝕, 火山力·山脈之構造, 地殼變體, 凡百地毬上活動勢力之理論, 是也. 又第一年, 講授地質沿革論之大畧. ○第二年, 金石學, 易答那, 著『金石學書』; 以同氏, 著『金石學教科書』, 詳論晶形理論, 化學上金石符號式·金石諸性, 以及稀生物, 而至所關金石種族, 異質同形及同質異形諸物部, 則殊使注意. ○金石識別學, 專主實地, 使生徒, 得一目判知緊要, 金石之捷迅, 其法之口授, 雖無所遺, 至吹管分析, 則教授有其人, 故不必詳講其義, 但所必要於識別之化學·物理學·晶形上之性質, 反覆教授, 無得遺漏. 盖吹管反應, 為識別法中最緊要者, 其書, 為窩以斯巴比, 著『英文識別表』; 及答那, 著『金石學書·附錄識別表』. ○同年, 地質沿革論, 論辨關水成層·火成層·礦道等諸構造, 隨自然年代之順序, 而水成構造中, 迸此順序者, 即如無生跡層·太古層·中古層·近古層, 皆盡其說, 使生徒, 得暗熟巖石及化石. 又講義中, 務傍引日本所産, 巖石及化石之說, 且參用答那, 著『地質學書』·『地質學及採鑛學』. 三年生, 以第二年級, 不授此講義, 本年授之. ○製地質圖及測量地質講義, 當於第三年授之. 然三年生, 以其第二年已修是業, 本年特授地質沿革論. ○石質學, 特明教示之, 以為他日下手於巖石, 顯微鏡查察之階梯, 而教授, 因所自撰之方法, 教導之. 不別用教科書, 但務參考英吉利·佛蘭西·獨逸書, 特引用答那氏『地質學書』. ○古生物學講義, 占本學年教課之一大要部, 而先發端於人類, 自哺乳動物·禽類與匍匐動物, 水陸兩生動物及魚類, 至有脊骨動物說, 次自節足類[羽蟲·蜘蛛·蟹類], 海盤車[海膽 等], 亞尼剌以答[蛭·蚯蚓 等], 百理 亞及佛剌幾沃百答等說, 及軟體動物, 盖此動物者, 以緊要於地質學者, 教授之費多數時間. 而後自細廉特剌答[珊瑚·海綿]·普洛多瑣兒說論, 及生物瑣中

第二部古生植物學, 其他鮮明自動物各部發生年代及其發生如何之說, 至各種動植物·化石, 乏斷巖石之時代, 呈何等良效, 傍詳悉此動植物·化石, 在動植分類, 占何等地位. ○地質學, 教員, 時率生徒, 巡檢其方土, 使就實地研究之, 且專就實地, 示製地質圖法, 而後不止實驗, 兼授講義. 又使本年生徒, 因石質學及古生物學, 講義所示方法, 就實地識別巖石及化石. ○第四年, 所授, 講義之大要. ○本年, 所履習石質學, 用顯微鏡, 為其實驗及講義, 且擧第三年所畧示, 更細論之. ○古生物學, 因教授之指示, 使實驗之, 且特就化石, 詳論之. 蓋此講義, 專令甄別種類. ○識別巖石, 與識別化石, 同一從事, 用顯微鏡. ○本年中, 實地教導課目如左. 第一, 測量地質, 製地質圖, 講義及實脩巡驗地質, 是也. 但其講義中, 加表面地質學, 以是學, 緊要於測量地質也. 第二, 應用地質學講義, 是也. 其目如左. 甲, 當供普通實用物質概論[金石·巖石·山嶽]. 乙, 壓力之作用, 因巖石凝聚力, 堅度, 吸濕性及構造, 致變異之槩論. 丙, 論必要於百般事業物品, 卽水·石·材·粘土等之功用. 丁, 論土壤或表層巖石之性, 大關農業上. ○以上所記, 應用地質學講義, 不獨止地質學, 探鑛學生, 亦要授之工學生. 故歷進本論之前, 豫教示金石學及地質學之大要, 所不得已也. ○敎科書參考書: 荅邦, 著『金石學書及金石學敎科書』; 弗刺瑣兒譯, 窩以斯巴比, 著『識別金石表』; 荅那, 著『地質學敎科書及地質學書』; 尼苟兒遜, 著『古生物學』; 烏特窩兒德, 著『軟體動物論』; 來冶兒, 著『地質原論及地質學初步』; 彼日, 著『應用地質學』; 刺他列, 著『石質學』; 知兒傑兒, 著『石質學及金石·巖石顯微鏡査察法』. 冶金學. ○普通冶金學, 冶金學沿革畧史, 諸金及合金類之性質, 諸冶金施法, 冶金用之物質及燃料, 冶金用之器械, 冶金上製出物, 冶金上廢棄物. ○應用冶金學, 鉛, 銅, 銀, 金, 白金, 汞, 亞鉛, 加土慕母, 錫, 砒, 安質母尼, 蒼鉛, 格巴兒土, 尼傑兒, 鐵及他冶金法. ○第二, 探鑛學, 有用鑛物發現之狀況, 探鑛試鑿及檢定鑛脈斷續·長短等, 鑛夫之手業及用具, 鑛山之開坑準備及操業, 保存鑛山方法[支柱及造壁], 地中運搬法, 直坑昇降法, 坑內通氣及點燈法, 消防坑內失火法, 坑內疏水法. ○第三, 冶金及淘汰實驗, 冶金實驗塲, 列置小反焙焙燒爐一個·鎔鑛及蒸鎦爐數個; 淘汰實驗塲, 列置木製舂一個[三個杵附]·汰板一個·碎石機一個·圓筒狀篩

一聯·水力分類篩一個及雜器. 以上供實驗鑛石. 取之左所記鑛山. 生野及佐渡金·銀鑛, 院內·輕井澤及小坂銀鑛, 別子及生野銅鑛, 宇陀汞鑛, 政所鉛鑛, 谿山錫鑛, 中小坂鐵鑛, 天草安質毋尼鑛. 採鑛學生徒, 以右所記之諸鑛付之, 實驗上鎔冶淘汰, 宜考適宜方法, 且檢定金屬分之消耗等, 製鑛上, 或得新法, 則實驗之, 証其適否. 凡欲知關製鑛方法者, 得輸送其鑛塊於本部, 乞指教. ○第四, 冶金及採鑛器械, 并工場之計畫. ○採鑛學生徒, 製冶金及採鑛用諸器械圖, 附以供用物質之量及實施所要經費豫算表, 又製造右諸器械摸型·裝置之採鑛學列品室, 使優等生徒, 計畫所適於鎔製鑛工場裝置, 又備外國產諸物價表, 使知之. ○補口授講義, 以諸器械模型圖面·標品·鑛石及鎔鮮物塊片等[不問本邦產, 與他國產]. ○凡摸型及圖面數, 追日增加, 就中勉蒐集成于本邦人手者. ○冶金學所用參考書: 巴洛克散, 著『金屬論』; 綠林烏土, 著『冶金學』; 蘭保倫, 著『銅·鑛冶金法及金·銀冶金法』等. ○試金術及吹管分析術. ○採鑛·冶金學及化學. 第四年級, 授試金術講義, 且使之實地試驗. 但化學生, 止試驗金·銀·銅·鉛耳. ○採鑛·冶金學, 第三·第四兩年間, 講授吹管分析術, 且使生徒, 為檢質及之量·吹管分析. 地質學第二年生, 亦講授吹管分析, 但止授檢質分析耳. ○教科書: 普刺多尼兒, 著『吹管分析法』. 哲學○論理學及心理學之原理, 以緊要於凡百學術, 法·理·文學部, 第一年, 各自專修科目外, 特授此二課目. ○教科書: 淵猛, 著『論理學』; 白印, 著『感覺智力論』. ○文學第二年, 使生徒, 研究心理學, 稍涉形以下者, 及哲學·生理學原理, 知心體所以相關係, 與意識體㨾所以相並行. 本年, 又授底加耳特氏·彼該兒·斯邊設兒·諸氏, 著『近世哲學史之概畧』, 其意, 盖在示歐羅巴近世哲學史者, 一理貫徹上進, 而適學生論理學上, 思想之進步, 且授此業, 專主口授, 使審會得各種哲學論之要領. 故學生, 當後來讀諸家著作, 得容易窺其蘊奧, 又觀今古純精哲學論文, 則得一據哲學本理, 批評之. ○教科書: 白印, 著『心理學』; 加兒邊太耳, 著『精神生理學』; 斯邊設兒, 著『原理総論及生物原論』. 參考書, 莫斯列, 著『精神生理及病論』; 亞白兒克倫庇, 著『智力論』; 伯格兒, 著『創造史』; 設維克列兒著及祿以斯, 著『哲學史』; 伯尹, 著『近世哲學史』. ○第三年, 講近代心理學·哲學之緊切結果之大要而後, 使生徒, 專研

究道義學. ○教科書: 白印, 著『心理學及道義學』; 斯邊設兒, 著『道義學論料』; 亞立斯特德兒, 著『道義學』; 西跏維克, 著『道義學』. 參考書, 本唐, 著『道義及立法論綱』; 彌兒, 著『利學』; 巴多列兒, 著『人性論』; 甘多, 著『道義論』; 福布斯, 著『西設洛德啞布沙埃』[書名]. ○第四年, 分講義為二種, 其一, 專授心理學及近世哲學諸論說中, 較著明者, 其他, 使研究人類與下等動物之心力比較, 太古與文明時代之人心變遷, 動物及人類陳情語·摸擬語及其修文變遷等諸題. ○教科書: 斯邊設兒, 著『心理學』; 彌兒, 著『哈迷兒頓氏哲學』; 希斯傑, 著『萬有哲學』. 參考書: 答兒尹, 著『生物原始論』·『人類原始論』及『情思發顯論』; 路易, 著『哲學史』; 低洛爾, 著『原民社會論』及『太古人類史』; 路本, 著『開化起原論』; 列傑, 著『歐士明理說』; 斯邊設兒, 著『萬物開進論』及『新論文集』; 彌兒, 著『論文集』. 其二, 授哲學上思想沿革史, 憑據特加兒·斯巴印撒·伯克列·甘多所著書, 且學年一部, 令研究純理學. 教科書及參考書, 特加兒, 著『哲學』及『迷知底戎』[書名]; 斯巴印撒著書; 甘多, 著『純理學』; 傑牙特, 著『甘多氏哲學』; 麻保希, 著『甘多氏純理論』; 彪睦, 著『人性論』; 列特, 著『心理論』; 窩列斯, 著『海該兒氏論理學』; 路易, 著『哲學史』; 餘白兒維克, 著『哲學史』; 彌兒, 著『哈迷兒頓氏哲學』. 政治學 ○政治學科, 涉二年, 第三年級, 授本科初步, 始于世態學之誦讀口授, 使生徒, 知人生社會, 為一活物, 成於繁雜組織, 其構造效用, 紛繁無限, 非就其本源與進步之狀況, 而深研究之, 輒不可明瞭之. 次之示政理者, 本原於純正哲學, 故口授哲學, 使生徒, 知今日諸家論說, 所以適實際而後, 始入政理核論, 研究倫理. 政理諸說, 以漸究其蘊奧, 其所用書如左. 斯邊設兒, 著『世態論綱』; 巴西墨, 著『物理政治相關論』; 點兒干, 著『古代社會論』; 斯邊設兒, 著『政理論』; 烏爾斯, 著『政治論』. ○第四年級, 政治學科, 為可卒業生徒設之, 使專究政理蘊奧, 始于係國家性質·國民權利諸說, 次就理論或實際上, 講明自由之理. 併說政府效用, 兼涉憲法史, 推究今日文明諸憲法, 終于略論就後來可期起社會組織之變遷·可期望之要件. 又本科生徒, 為他日修卒業論文, 別令有所學修, 其所用諸書如左. 烏爾捨, 著『政治論』; 利伯兒, 著『自治論』; 彌兒, 著『自由論』; 斯知分, 著『自由辨』; 哈理遜, 著『順序及進步編』; 彌兒, 著『代議政體

論』. 理財學 ○理財學科, 涉二年, 第三年級, 先授其綱領, 以爲他日所使精研之豫習, 而其目的, 固費專修一學派之說, 而在特就理財學上, 誘掖獎勵學生之推考, 使其得批評斷定諸家異說之學力. ○教科書及參考書: 彌兒, 著『理財論綱』; 麻克安編纂, 傑列, 著『世態論』; 綦亞倫, 著『理財論法』; 澌孟, 著『貨幣論』; 綦亞倫, 著『理財新說』; 牡文, 著『米國理財論』. ○第四年級, 理財學科, 爲使現可卒業生徒, 專修之所設, 而其二三論題, 係講究所緊要於本科, 勞力租稅法·外國貿易·銀行法·貨幣論等. 又生徒, 尋常科書之外, 別以所研究, 從事於策文著述. ○教科書及參考書: 麥列惡特, 著『銀行論』; 坷閃, 著『外國兌換法』; 渦迦, 著『貨幣論』; 心納, 著『米國貨幣史』; 綦亞倫, 著『理財新說』; 捌斯打, 著『米國租稅法』; 麥家洛克, 著『租稅論』; 棱倫頓, 著『勞力論』; 排兒斯, 著『自由貿易辨』; 巴斯知亞, 著『保護稅辨』; 撒奈, 著『米國保護論』. 和文學 ○法·文學第一年級, 使學『語彙別記』及『神皇正統記』, 本級第二科生, 卽和漢文學生, 別講授竹取物語及枕草紙. ○文學第二年級, 第一科生, 講授竹取物語及枕草紙, 第二科生, 講授『大鏡』·『源氏物語』·『增鏡』, 又使生徒, 質問『續世繼物語』. ○第三年級, 第一科生, 敎『源氏物語』·『萬葉集』, 第二科生, 講前年所修『源氏物語』, 更講授『古事紀』·『萬葉集』, 且使生徒, 質問『古語拾遺古今集』. ○第四年級, 第二科生, 講授前年所修『古事紀』·『萬葉集』, 使生徒, 質問『六國史』, 『類聚三代格』, 最後三年間, 隔月一回, 使作和文及和歌. ○爲生徒, 欲以餘暇, 讀正課外書者, 槪定其書籍如左. 但爲第一年生, 所指示書, 略之. ○第二年: 『十訓抄』, 『宇治捨遺』, 『古今集』, 『源平盛衰記』, 『土佐日記』. ○第三年: 『續日本紀』, 『萬葉集』[卷三以下], 『水鏡』, 『增鏡』, 『作文章』. ○第四年: 『日本書記』, 『日本後記』, 『東鏡』, 『讀史餘論』, 『太平記』, 『詞玉緖』, 『詞八衢』, 『詞通路』. 漢文學 ○法·文學第一年級, 使輪讀『史記』, 本級第二年科生, 加之以輪講『孟子』·『論語』. ○文學第二年級, 第一科及第二科生, 使輪讀『八大家文』, 第二科生, 加之使輪講『左傳』, 質問『資治通鑑』. ○第三年級, 第一科生, 使輪講『左傳』, 第二科生, 使輪講『大學』·『中庸』·『詩經』·『韓非子』·『荀子』, 傍質問『宋·元通鑑』. ○第四年, 第一科生, 講授『詩經』及『書經』, 但其學否, 從生徒所望, 第二年生, 講授

『易經』及『莊子』, 使輪講『書經』及『老子』, 且質問『明朝紀事本末』, 第二科, 每月二回, 使作詩文, 其他各級, 每月一回, 使作文, 但第四年第一科生, 隔月一回, 使作文. ○為生徒, 欲以餘暇, 讀課外書者, 梁之其書籍, 如左. ○第一科:『大學』,『中庸』,『論語』,『孟子』,『資治通鑑』,『宋·元通鑑』,『明朝紀事本末』. ○第二科:『漢書』,『後漢書』,『三國志』,『唐書』,『五代史』,『國語』,『戰國策』. 史學 ○第一年課程, 法學, 第一年級生, 與文學第一年級生, 共可學修之, 但本級生徒, 以既學得『萬國史大意』, 第一學期中, 專講英國史, 第二學期, 講佛國史. ○教科書,『英國史』; 斯密士, 著『佛國史』. 參考書, 克林, 著『英國史』; 斯答布, 著『英國憲法史』; 蘭比, 著『英國史』; 麻方, 著『英國史』. ○文學第二年, 使研究英國憲法及史論要旨. 憲法參考書, 如左. 斯答布, 著『特許典例類纂』; 哈婪, 著『中世史』及『憲法史』; 米耶, 著『憲法史』; 維兒西斑特, 著『斯底特多剌亞兒斯』[書名]. 史論參考書, 米印, 著『古代法律及制度沿革史』; 季素, 著『文明史』; 斯邊設色, 著『世態學』及『萬物開進論』; 布利曼, 著『史論』; 巴來西, 著『羅馬史』. 文學第三年, 專修課目, 為希臘·羅馬二國史. 教科書, 斯密士, 著『希臘史』及『羅馬史』, 參考書, 克老多, 著『希臘史』; 加兒知西, 著『希臘史』; 門閃, 著『羅馬史』; 米利巴兒, 著『帝政羅馬史』; 芝般, 著『羅馬盛衰史』. ○文學第四年, 講授所關各國諦盟條約及列國交際法之問題, 歐邏巴及亞細亞近世史, 且使生徒, 作論文. 英文學 ○英文學專修之前, 先要容易談英語·讀英文·綴英文. ○生徒之專修本課也, 先使之就教科書, 通曉英語及英文學史, 而後教員, 時撰拔教科書中之數部, 使生徒讀之. 又以筆記試業, 檢生徒學力進否, 其法, 付諸家名文於生徒, 使之加批評, 且誦讀, 且釋解之也. 其文, 必取全備者. ○文學科, 常使生徒, 作論文, 且為批評, 至其終期, 隨時宜使生徒, 更讀尋常文章家所作文, 而批評析剖之. ○每月, 試生徒之優越, 以筆記試業. ○教科書: 克列屈氏, 著『英語及英文學史』; 斯比廉, 著『英文學大家文集』; 格列克訓解, 設克斯比亞, 著『該撒』; 格列克及来多訓解, 設克斯比亞, 著『罕列多·麻占多·阿霏·威尼斯·查理第二世』[書名]; 來多訓解, 設克斯比亞, 著『京理牙』[書名]; 慕理西訓解, 獨秀, 著『布魯洛克安多內土的耳』[書名]; 幾顚訓鮮,『彌兒頓詩集』; 克利斯的訓鮮,『德來定詩集』;

彌倫訓解, 『戎遜文集』; 比印訓解, 『巴兒克詩集』; 伽利非斯訓解, 『顧巴詩集』. 佛蘭西及獨逸語 ○法學生, 使學佛蘭西法律, 故前二年間, 使攻修佛蘭西語, 又理學部·文學部, 使各生徒, 二年間, 撰脩佛·獨两語中之一語. 但文學第二科生, 則不然, 盖當其專攻各自所撰學科, 廣索援引, 便得佛蘭西語或獨逸書中之諸說也. 其各級所用教科書及自讀書, 如左. 甘荷多, 著『英·獨對譯文典』; 琉便及納縶, 合著『獨逸讀本』; 随多列兒, 著『理學書』; 刺庥多, 著『佛蘭西讀本』; 巴蘭瑣, 著『佛蘭西會話篇』; 努耳及殺撤, 合著『佛蘭西文典』; 果力, 著『佛蘭西讀本』; 彼揉努, 著『佛國史』; 烏兒德兒, 著『路易第十四世紀』; 希內龍, 著『特列末漫遊記』; 低刺克耳秩, 著『佛國政典』.

諸學部規則

一, 學年, 九月十一日始, 七月十日終. 一, 學年, 分三學期, 第一學期, 自九月十一日, 至十二月二十四日; 第二學期, 自一月八日, 至三月三十一日; 第三學期, 自四月八日, 至七月十日. 一, 冬期休業, 自十二月二十五日, 至一月七日; 春期休業, 自四月一日, 至七日; 夏期休業, 自七月十一日, 至九月十日. 日曜日及國祭祝日. 一, 入學之期者, 每學年之始, 為一回. 但依時宜, 第二及第三學期之始, 或許入學. 一, 本部, 可入第一年級者, 其齡, 十六年以上, 可入第二年級者, 其齡, 十七年以上, 其餘準此. 一, 本部, 可許入第一年級者, 豫備門·卒業者, 若於該門, 施試業之等, 有以學力為限. 一, 望入於第二年以上之級者, 先入第一年級, 必需諸料目之試業, 尋其欲入級之合格不合格, 以定入級之許否. 或嘗修業於他大學校者, 因其本部證書, 施該課目試業. 一, 望於入學高等級者, 如非第四年級, 第一學期之始, 不許之. 一, 學年試業, 六月二十一日為始, 本學年中, 履修諸課目試業. 一, 學期試業, 第一及第二學期之季週中, 於本學期內, 履修諸課目試業, 第三學期, 於 卒學期試業. 一, 課目之學期評點, 每學期之終, 通計學期課業及學期試業之兩評點, 均一以之. 一, 課目之學年評點者, 於學年之終, 三學期課業及試業, 平均之數, 以二乘之, 加學年試業之評點, 以三除而得之. 一, 於每學期之終, 各教授者, 受持生徒之課業評點, 及試業評點, 申報於綜理. 一, 於第一及第二學期之終, 必

隨學業之優劣, 而列次之於各生徒之級表, 詳載各課目之學期課業評點及試業評點. 學期評點, 即一課目評點平均數, 與諸課目平均數而可揭示之. 亦於學年之終, 同上又詳記各課目之學期評點平均數, 學年試業評點數, 學年評點數, 并諸課目評點平均數, 揭示級表, 每年印行本部一覽之中, 各生徒之姓名. 一, 學年之諸課目評點平均之數, 順次記載. 一, 本部, 一學科卒業者, 於法學部, 法學士, 於理學部, 理學士, 於文學部, 文學士之學位授與. 一, 學位, 於其學年之終, 授與. 一, 本部之學士, 既為卒業而更欲研究其學者, 依願許之. 一, 各學部第二年級已上之諸課目中, 撰一課目, 與數課目, 欲專修者, 許應各級正科生欠員之數. 惟其英·佛·獨語, 和漢文學及日本法律者, 使不得撰. 一, 生徒之費用, 合計受業料·食料·炭·薪·油等. 一, 學期所費, 金十八圓以內. 一, 受業料, 一學期金四圓, 每學期之始, 其一學期, 分納于本部會計掛, 而若有事故缺課, 或退學, 則既分納者, 更不還付. 一, 生徒中學力優等, 行狀端正, 有將來成業之目, 而貧不能遂其志者, 限其入舍之乞, 依其願詮議之後, 給付學費, 稱以給費生. 一, 給費生, 卒業滿三年後, 每月已用金五圓, 還報納付, 而從受來之給費金, 全額畢納. 一, 但三年之內, 雖納報謝, 得資力者, 自其時, 納報謝. 一, 給費生, 若罹疾病, 或因他事故, 自請退學, 而或於學期及學年試業, 不參, 且不為出席於次學年第一學期試業, 仍為退學者, 使卽時納給費金. ○綜理, 二人; 教員, 五十人[本國人, 三十八; 他國人, 十二]; 生徒, 二百八人[學資金, 每月, 自五圓, 至四圓, 官給, 一百四十六人].

大學豫備門

沿革

七年, 分東京外國語學校英語科, 剏一校, 命為東京英語學校, 隸文部省. 其教則, 為上·下等二科, 上等生, 專修語學, 下等生, 修進上等之前課. 但卒下等語學之後, 進於上等語學, 為主旨, 入開成學校, 為專門科. 十年, 更屬東京大學, 改稱大學豫備門.

教旨及課程

一, 本校, 屬東京大學, 為生徒欲入法·理·文學部者, 博授普通學科, 為之豫
備. 一, 本校課程, 為四年, 因設四階級, 生徒卒業者, 得入大學, 擇修法·理·
文之一科. 學科之課程, 其目如左. 第一年, 第四級 ○第一期: 英語學[讀方
○綴文 ○文法 ○釋解, 每週十一時]; 數學[筭術, 每週六時]; 畫學[自在畫
法, 每週二時]; 和漢書[日本外史, 每週五時] ○第二期·第三期: 並同上.
第二年, 第三級 ○第一期: 英語學[讀方 ○文法 ○作文 ○釋解, 每週十一
時]; 數學[筭術 ○幾何總論, 每週四時]; 地理學[自然地理, 每週三時]; 史學
[萬國史畧, 每週三時]; 畫學[自在畫法, 每週二時]; 和漢書[日本政記, 每週
五時] ○第二期: 數學[代數, 幾何]; 其他, 並同上. ○第三期: 並同上. 第三
年, 第二級 ○第一期: 英語學[修辭 ○作文 ○釋解 ○講演, 每週九時]; 數學
[代數 ○幾何, 每週六時]; 史學[萬國史, 每週三時]; 生物學[生理, 每週三時];
畫學[自在畫法, 每週二時]; 和漢書[通鑑寧要正篇, 每週四時] ○第二期: 畫
學[用器畫法]; 其他, 並同上. ○第三期: 生物學[植物]; 其他, 並同上. 第四
年, 第一級 ○第一期: 英語學[英文學 ○作文 ○釋解 ○講演, 每週七時]; 數
學[代數 ○幾何, 每週六時]; 物理學[重學 ○乾電論 ○水理重學, 每週三時];
生物學[動物, 每週三時]; 畫學[用器畫法, 每週二時]; 和漢書[通鑑寧要續篇
○文章軌範, 每週四時]; ○第二期: 數學[三角法]; 物理學[熱論, 光論]; 化學
[無機, 每週三時]; 其他, 同上. ○第三期: 物理學[磁力論 ○濕電論]; 理財學
[大意, 每週三時]; 其他, 同上[但第一期, 無化學·理財學, 第二期, 無生物學·
理財學, 第三期, 無生物學. ○數學, 第二·第三期, 每週三時].

教科細目
第一年 ○讀方[每週二時]教科書, 用占弗兒, 著『讀本』卷三·卷四. ○第一學
期, 使生徒, 正狀貌, 明發音. ○第二學期, 教文法上之停節, 且自一語詞, 至
一句一章, 正發音, 漸擴進誦讀之範圍. ○第三學期, 為抑揚音聲, 使聽者感
動, 所讀之書, 令詳解其意. 綴文[每週四時] ○第一學期, 令生徒, 就設題綴
單文, 寫之黑板上, 教員正其誤謬, 又每月一回, 令諳記普通語. ○第二學期,
授業法, 同前期, 而教員故加俚俗語, 且說明其意義, 每月一回, 令諳記其語,

又日練習會話. ○第三學期, 授業法, 同前期, 而特摘示和·英兩語組成自異. 故作文上致誤謬者, 令常注意於此, 但諳記會話, 同前學期. 英文法[每週二時], 教科書, 用弗羅翁, 著『英國小文法書』. ○第一學期, 教以可用綴單文之語詞·品類之區別, 又令生徒, 練習英國常用語之話法及文法上之語詞, 與別類同義之句. ○第二學期, 教以語詞變化法, 練習法則, 同前學期. ○第三學期, 講簡單作文法之義及正文章誤謬. 釋解[每週三時], 教科書, 用斯維頓, 著『萬國史畧』. ○第一學期, 教小引古代東國及希臘部. ○第二學期, 教羅馬及中古部. ○第三學期, 教近世部, 而其授業法, 每學期, 稍有異同. 然教員, 專以邦語譯講, 令生徒, 解其意義. 數學 ○教科書, 用路敏遜, 著『實用算術書』. ○第一學期, 教自貨幣筭, 至諸等. ○第二學期, 教自諸等, 至百分筭. ○第三學期, 教自百分筭, 至比例, 而授必要釋義, 又就教科書, 說明生徒所不能解者, 且揭問題解釋於黑板上, 令生徒, 辨明之. 畫學 ○第一·第二學期, 就圖畫範本之簡易者, 模寫諸器體·草木花實·景色及人體. ○第三學期, 摸寫諸器形體及諸物軆, 令其實用自在. 和漢書 ○教科書, 用『日本外史』. ○通三學期, 令生徒, 先溫讀教科書而後, 教員講之, 又兩週間, 一回設課題, 令作通俗所用手簡文. 第二年 ○讀方[每週二時], 教科書, 用由尼恩, 『讀本』四卷. ○第一學期, 詳解說文法上之停節, 又令畧會得修辭上之停節. ○第二學期, 令生徒, 特練習聲音之調和. ○第三學期, 令生徒, 用意·姿勢·行動, 以爲他日學講演之階梯. 英文法[每週二時], 教科書, 用伯羅恩, 著『英國大文法書』. ○第一學期, 令生徒, 復習語詞之區別及變化法, 而解說語詞之本原及連語·助語. ○第二學期, 授位置詞之慣用法, 動詞時之連續法, 直接及間接之引用法, 及一般語詞之品類等. ○第三學期, 說明分別文章及綴成文章之法, 且摘錄他書章句, 令批評之. 通三學期, 旣習之文法上規則, 以爲實用讀本中撰擇其例, 令練習之. 英作文[每週四時], 教科書, 用格賢勃, 著『作文階梯書』. ○第一學期, 教句點及作文法, 又令就通常課題, 用普通語詞, 書簡單文章於黑板上, 教員, 於生徒前, 校正之. ○第二學期, 其授業法, 與第一學期, 大同小異, 稍高尙其課業, 令生徒, 記規則外語詞及話法於手簿. 又設諸口述課題, 令爲之答詞, 蓋爲令慣速解釋應答教員之問也. ○第三學期, 更進

課業一層, 以就高尙. 釋觧[每週三時], 敎科書, 用『讀本』. ○第一·第二學期, 用由仁恩, 『讀本』卷四. ○第三學期, 用占弗兒, 『讀本』卷五, 其授業法, 敎員 以邦語講說, 或令生徒, 譯讀, 以進達觧意義之力. 數學 ○敎科書, 用盧敏遜, 著『實用筭術書』; 來土, 著『平面幾何書』; 突土蕃太兒, 著『小代數書』. ○第 一學期, 卒筭術幾何學總論. ○第二學期, 卒幾何第一卷, 授自代數之始, 至 最小公倍數. ○第三學期, 卒幾何第二卷, 授自代數·分數·約方, 至一次方程 式. 其授業法, 筭術及代數學, 試問前回所授之諸課而後, 說明次回之課業, 猶有餘暇, 則設卽題, 或宿題, 令莫懈練習. 幾何學, 從敎科書之序, 反覆講明 其理義, 令生徒, 諳記名稱·觧釋及之論等. 理學 ○敎科書, 用莫耳列, 著『自 然地理書』. ○第一學期, 授地毬論. ○第二學期, 授空中現象論. ○第三學 期, 授海洋現象·海中生物論及陸地物産·陸上生物論, 其授業法, 不止敎科 書, 揭數種課題, 或示實物, 說物象互有關係, 不必要令生徒, 諳誦敎科書. 史 學 ○敎科書, 用斯維頓, 著『萬國史畧』. ○第一學期, 授太古東國及希臘史. ○第二學期, 授羅馬及中古史. ○第三學期, 授中古開化史及近世史, 其授業 法, 使生徒, 諳記緊要事項, 敎員設問, 試其應答, 又敎科書中, 所漏泄, 參攷 他書, 摘出口授之. 畫學 ○修業法, 通三學期, 令生徒, 原遠近法之理及用法, 陰影法, 形體·景色·草木花果·人體及動物彫像, 四支·顔面之比較法, 及骨 骼等而練摸形臨寫之術. 和漢書 ○敎科書, 用『日本政記』. ○授業法, 通三學 期, 與第一學年, 大同小異, 但進課業一層向高尙, 又二週間一回, 設課題, 令 倣漢文體, 而雜假字之文. 第三年 ○修辭[每週四時], 敎科書, 用格賢勃, 著 『英國作文及修辭書』. ○第一學期, 授英語沿革之槪畧·句點法及譬喻用法 等, 論文, 同第二年作文法, 每週一回, 令習快滑讀文. ○第二學期, 敎文體及 詩律篇, 且令就商業及交誼上諸題作通信文, 敎員臨塲添削之, 又每週一回, 令講演. ○第三學期, 復習第二學期課業, 且論文加高一層. 釋觧[每週三時], 敎科書, 用『論文』. ○第一·第二學期, 用摩杲列, 著『窩連希斯陳』[書名]. ○ 第三學期, 用摩杲列, 編『巴羅無憲法史評論』, 其授業法, 使生徒, 講義論難 其不能觧釋者, 敎員爲之譯講, 明其意義. 數學 ○敎科書, 用来土, 著『平面 幾何書』; 突土蕃太兒, 著『小代數書』. ○第一學期, 幾何第三卷, 自卷首, 至

第四章, 代數, 自二次方程式, 至有奇數. ○第二學期, 卒平面幾何及代數初步. ○第三學期, 令復習平面幾何及代數, 總使生徒, 講明前日所授課業, 或就問題而解釋之, 而敎員正其誤謬, 若生徒有疑義, 令之質問而後, 就敎課書, 授次回之課業, 又摘出他書, 或自設即題或宿題, 令練習其術. 史學 ○敎科書, 用弗利萬, 著『萬國史』. ○第一學期, 自歐羅巴人種基源論, 至羅馬滅亡. ○第二學期, 自歐羅巴各國興期論, 至西曆一千三百年間. ○第三學期, 自西曆一千四百年間, 至近世, 其授業法, 同第二年史學, 惟博糸諸書, 摘抄大小記事, 敎授之. 生物學 ○敎科書, 用巴苦斯列·由曼, 合撰『生理書』; 玖禮, 『敎室及野外植物篇』. ○第一學期, 授生理總論·血行機論·呼吸機論·排泄吸收論. ○第二學期, 營養機論·運動論·五官効用論·神經系論, 以卒生理書. ○第三學期, 敎植物大意, 生理授業法, 敎員講說敎科書, 時就摸塑人體骨骼及解剖懸圖, 解釋之, 使生徒, 通曉其理. 植物學授業法, 敎員從敎科書所論之序, 講說敎授之, 使生徒, 解剖草木, 辨別其種屬. 畫學 ○第一學期, 令生徒, 摸寫練習, 第二年學修所未完備諸物景, 以卒自在畫法. ○第二·第三學期, 令學平面幾何圖, 敎員說明直線·弧線·多角形·其他高等弧線之所成, 使生徒, 就實地練習之. 和漢書 ○敎科書, 用『通鑑覽要正編』. ○通三學期, 使生徒, 輪講敎科書, 敎員正其誤謬, 且時發問難磨勵解釋之思想, 又每二週間一回, 設課題, 令作漢文, 或倣漢文體而雜假字之文. 第四年 ○英文學[每週三時], 敎科書, 用譜太耳烏土, 著『掌中英國文學書』. ○第一學期, 敎員講英語起原及開發, 又使生徒, 讀自兆佐兒氏, 時至美耳頓氏, 英國著名文章家傳, 而學其文章. ○第二學期, 敎員講英國戲作文之起原及其開發, 又使生徒, 準第一學期, 讀自美耳頓氏, 時至佐亞窩兒太兒蘇格氏, 著名文章家傳, 而學其文章. 通三學期, 每月一回, 使生徒, 就學術上及通常之題作文, 又每週一回, 令以英語講演. 釋解[每週二時], 敎科書, 用『論文』. ○第一學期, 用斯邊設耳氏, 『詞格論』. ○第二學期, 用摩杲列氏, 『美耳頓』[書名]. ○第三學期, 用摩杲列氏, 所評論, 摩耳加耳毋, 著『貴族古來伯傳』等, 授業法, 同第三年之釋解, 而生徒問難, 敎員講義, 在此級, 總用英語. 數學 ○敎科書, 用突土蕃太兒, 著『大代數書』; 維兒遜, 著『立體幾何書』; 占弗耳, 著『對數表』; 突土蕃太

兒, 著『小三角書』. ○第一學期, 卒立體幾何及代數. ○第二學期, 三角法, 自第一節, 至十七節. ○第三學期, 自第十八節, 至卷尾, 卒三角法, 授業法, 同第三年數學. 物理學 ○教科書, 用斯去亞土, 著『物理書』. ○第一學期, 授重學·乾電論·水理重學. ○第二學期, 授熱論·光論. ○第三學期, 授磁力論·濕電論, 授業法, 教員自講說教科書, 又示各種實驗, 令生徒, 知物理所以確實. 化學 ○教科書, 用盧斯杲, 著『化學初步』. ○第二·第三學期, 教員先試問所日課於生徒, 若不解其意, 不能答者, 教員自講說之, 時示各種實驗, 令明化學真理. 生物學 ○教科書, 用仁可耳遜, 著『教科用動物書』. ○第一學期, 教員講說教科書, 或使生徒, 答所試問, 時就實物, 明所說之意, 本學期中, 卒是業. 理財學 ○教科書, 用和塞土, 著『小理財書』. ○第三學期, 授業法, 教員原教科書, 教授之, 而緊要課題, 博粲考諸書, 拔其萃, 口授之, 令生徒, 曉其要領[此科, 唯於第三學期, 敎之]. 畫學 ○第一學期, 第一學期, 授平寫圖法. ○第二學期, 授陰影法. ○第三學期, 授平行配景圖, 其授業順序, 第一·第二學期, 教員說寫形面之理及正寫面圖之本原, 令生徒, 練習之, 至第三學期, 置諸種摸形, 使生徒, 測其大小, 以實施所旣學修之課程, 而畫單一製造圖. 和漢書 ○教科書, 用『通鑑覽要續編』及『文章軌範』. ○通三學期, 『通鑑覽要』, 生徒輪讀之, 而質其疑, 『文章軌範』, 教員講之, 使生徒, 鮮明文章諸軆·諸則. 又二週間一回, 設課題, 令作漢文. 大凡規則, 與大學校同. ○主幹, 一人; 教員, 二十四人[本國人, 二十一; 他國人, 三]; 生徒, 四百二十一人[學資, 幷自辦].

大學醫學部

沿革

先是, 設種痘舘, 以西洋醫術, 樹旋於江戶, 後改稱西洋醫學所, 其冠西洋二字者, 所以別於漢醫學校也. 遣人就和蘭, 學醫術, 乃建病院, 教生徒, 悉從和蘭方法. 後又單稱醫學所, 至元年, 醫學校·病院, 共屬軍務官, 為東京府所轄. 二年, 合本校於病院, 稱醫學校兼病院, 而屬大學校. 後又稱大學東校, 四年, 單稱東校, 五年, 改稱大學區醫學校, 七年, 改稱東京醫學校, 並長崎醫學校於本校. 十年, 始稱東京大學醫學校, 教師多聘於獨逸及普國, 之學科課程,

更設豫科・本科, 豫科教則中, 置和漢學 一科.

通則

一, 本部, 為教醫學, 設之, 為大學之一部, 文部省轄之, 製藥學教塲及醫院屬
焉. 一, 分教科為二, 曰醫學本科, 曰豫科[但醫學, 關諸般學科, 故不修高尙
中學之學科, 難鮮其眞趣, 苟欲從事醫學者, 不可不豫踐履中學課程. 然現今
未有高尙中學校, 是以般設教塲於本部中, 教高尙中學之學科, 名曰豫科, 随
專門醫學教則, 教之曰本科]. 一, 豫科學期, 為五年, 醫學本科學期, 為五年
[但現今随此學期, 教者, 專用獨逸語]. 一, 本部內, 別設教塲, 以邦語, 教醫
學諸科及製藥學, 假名此生徒, 稱通學生. 一, 生徒入豫科者, 其齡十四年以
上, 二十歲以下, 小學課程卒業者, 許之. 一, 豫科卒業者, 試驗後, 許入本科.
一, 學期・休業・證書授與等規, 與他學校同.

豫科課程

五等第一年 〇下級: 習字, 綴字, 筭術, 讀方, 譯讀, 和漢學. 〇上級: 讀方, 文
法, 作文, 地理學, 分數, 和漢學. 四等第二年 〇下級: 文法, 作文, 地理學, 分
數問題, 分數, 和漢學. 〇上級: 文法, 作文, 地理學, 比例, 小數, 和漢學. 三
等第三年 〇下級: 獨逸語學, 筭術, 地理學, 幾何學. 〇上級: 獨逸語學, 筭
術, 博物學, 地理學, 幾何學. 二等第四年 〇下級: 獨逸語學, 羅甸語學, 博物
學, 代數學, 幾何學. 〇上級: 與下級同. 一等第五年 〇下級: 獨逸語學, 羅甸
語學, 動物學, 植物學, 鑛物學, 代數學. 〇上級: 獨逸語學, 羅甸語學, 植物學,
鑛物學, 動物學, 對數, 三角術, 代數學.

本科課程

五等第一年 〇下級: 物理學, 化學, 醫科動物學, 鮮剖學. 〇上級: 物理學, 化
學, 醫科植物學, 各部鮮剖學, 組織學. 四等第二年 〇下級: 物理學, 化學, 實
地鮮剖學. 〇上級: 物理學, 化學, 顯微鏡用法, 生理學. 三等第三年 〇下級:
外科總論, 生理學, 生理學實地演習. 〇上級: 外科總論, 內科總論及病理鮮

剖, 藥物學, 毒物學, 製劑學實地演習, 分析學實地演習. 二等第四年 ○下級: 外科各論, 病理各論, 外科臨床講義, 內科臨床講義. ○上級: 與下級同. 一等 第五年 ○下級: 外科各論及眼科學, 病理各論, 外科臨床講義, 內科臨床講 義. ○上級: 外科各論及眼科學, 病理各論, 外科臨床講義, 內科臨床講義, 外 科手術實地演習.

製藥學敎塲規則

一, 本塲生徒, 非卒豫科課程者, 不許入學. 一, 敎科爲三年, 一級之課程, 爲 六月, 每期終, 試業.

製藥學本科課程

三等第一年 ○下級: 物理學, 藥用動物學, 鑛物學, 化學. ○上級: 物理學, 藥 用植物學, 無機化學, 顯微鏡學. 二等第二年 ○下級: 物理學, 化學, 藥品學, 製藥化學, 定性分析學. ○上級: 物理學, 有機化學, 藥品學, 製藥化學, 定性 分析學. 一等第三年 ○下級: 製藥實地演習, 藥物試驗實地演習. ○上級: 藥 局調劑實地演習.

通學生規則

本部中, 別設通學生敎塲, 醫學, 自三年半, 至四年, 製藥學二年, 是爲學科期. 蓋爲齡已長, 無暇修外國語學·數學·羅甸學等者, 與有故不得久就學者, 以 邦語, 敎其要領也.

醫學通學生學科課程

第一期: 物理學, 化學, 觧剖學. ○第二期: 化學, 動植物學, 觧剖學. ○第三 期: 生理學, 生理總論. ○第四期: 藥物學, 繃帶學, 處方及調劑學, 內科通論, 外科通論. ○第五期: 內科各論, 外科各論, 內科臨床講義, 外科臨床講義, 眼 科學, 診斷法. ○第六期: 內科各論, 外科各論, 外科臨床講義, 眼科臨床講義, 內科臨床講義. ○第七期: 內科臨床講義, 外科臨床講義, 婦人病論, 産科學.

○第八期: 內科臨床講義, 外科臨床講義, 裁判醫學, 衛生學.

製藥學通學生學科課程
第一期: 物理學, 無機化學, 植物學. ○第二期: 有機化學, 藥品學, 金石學, 動物學. ○第三期: 藥品學, 製藥化學, 毒物學分析法, 調劑法. ○第四期: 製藥局實地演習. ○綜理, 二人; 教員, 四十四人[本國人, 三十五; 他國人, 九]; 生徒, 一千三百九十五人[學資金, 一月, 自四圓, 至六圓; 官給, 七十人].

附病院規則
一, 入院所費, 上·中·下等有分別. 一, 上等·中等病室食料, 皆有差別, 而至於藥品, 勿論上·中·下三等, 同樣治療. 下等, 入院所費, 極其減數, 使實地治療, 為生徒之演習, 教師及隨醫員之指揮, 俾無拘礙. 一, 入院中, 不背醫院看病人之言葉, 堅守病室法度. 一, 身體衣服, 常時用心, 無至污穢. 一, 回診前, 不鮮帶類·鈕鈕等, 不離寐所, 可待診察之時. 一, 回診中, 勿為談話及多葉粉, 不作害病之事. 一, 食物, 不得醫員之許諾, 不可自食. 一, 室內, 不可高聲與讀書. 一, 不得已有事出他時, 則可受醫員之指揮. 一, 喧嘩口論及金銀貨借等, 一切嚴禁. 一, 看病人, 金錢·物品等, 一切不給. 一, 男女病室, 不可互相往來, 而如有所觀事, 與看病人同行. 一, 右之條目不守者, 即為退院. 一, 救助病者, 限一月藥與食物等, 一切自學校辦給. 一, 有新入患者, 藥用法及病室諸規則, 仔細教之. 一, 器械與諸品物之可用於患者, 回診前準備, 及時無至窘跲. 一, 藥瓶及膳具等, 精洗之, 患者所持物品, 無至破毀. 一, 親族·朋友之為看護來者, 若止宿於病室之內, 申告醫局.

師範學校
沿革
日主五年, 刱設為文部省直轄. 六年, 置附屬小學校, 學就實地, 教小學生徒之方法. 當時本校, 為專攻小學師範, 本科, 即授業法之制, 本科外, 更設餘科, 至七年廢之, 改小學師範學科, 以豫修可為教員之學業, 為豫科, 豫科之

學, 稍成後, 學授業方法, 為本科, 合此二科, 禰師範學校.

八年, 新設中學師範學科, 爾來並置中小學師範學科. 十二年二月, 釐革校制, 以類分諸學科, 為格物學, 史學及哲學·數學·文學·藝術之五學. 又大別全科, 為豫科·高等豫科·本科之三科, 豫科·高等豫科, 各分四級, 本科, 分上·下二級. 自豫科, 直入本科卒業者, 為適小學教員者, 經豫科·高等豫科, 而入本科卒業者, 為適中學教員者.

規則

一, 本校, 專養成可為普通學科[小學·中學]教員者之所. 一, 附屬小學校, 為使本校生徒, 就實地練習設之. 一, 學年, 始於九月十一日, 終於七月十日. 一, 學期, 前學期, 始於九月十一日, 終於二月十五日, 後學期, 始於二月二十三日, 終於七月十日. 一, 課程區分, 大別本校教科課程, 為三, 豫科·高等豫科·本科, 是也. 一, 等級順序, 豫科及高等豫科中, 各置四級, 最下為第四級, 最上為第一級. 又本科中, 置二級, 為下級·上級. 一, 修學期限, 豫科及高等豫科, 各以二年, 為修學期限, 本科, 以一年, 為修學期限. 每級修學期, 為半年, 即十八週, 每日授業, 為五時, 即一週, 二十八時[不筭土曜半日]

教科細目

豫科苐四級 ○化學: 以數多之試驗, 教非金屬諸元素及其緊要化合物之製法·性質等[每週三時] ○物理學: 總論諸種自然力, 凝體·流體·氣體之性質, 運動體·顫動體·熱體及起電體之畧論[每週三時] ○地誌: 授地毬儀及地圖之解說, 光熱之散布, 地面之形狀, 空氣之現象, 諸大洲之生物畧論, 且授亞細亞·歐羅巴両洲之位置·形積·地勢·氣候·金石·動物·植物及日本·其他各國之位置·地利·生業·產物·都府·市邑·政體·風俗之概論[每週四時] ○筭術: 百分筭, 諸比例[每週四時] ○和漢文: 使讀且講『通鑑覽要』卷一至卷八, 兼使作混假字文章, 攄『語彙指掌圖及別記』[書名], 教語格, 且使讀『神皇正統記』[每週四時] ○英文: [講讀] 拔萃『苐三理土兒』[書名]及地理書等要領, 使譯讀之[但此科, 專主鮮字義文意, 以下倣之]; [文法] 使學語類及其分解;

[作文] 使作簡易文章, 以習熟文法[每週三時] ○圖畫: [臨畫] 曲·直線, 單形
等[每週二時] ○體操: 徒手演習, 啞鈴, 珠竿, 棍棒演習, 正列進行[每週五時]
豫科第三及 ○化學: 授普有金屬諸元素之所在採收法, 性質·用法等之槪畧,
且以試驗, 示其化合物之製法[每週二時] ○植物學: 授植物諸部生育畧說,
諸植物特部·殊性·効用等[每週三時] ○地誌: 授亞非利加·南北亞米利加·
濠斯太剌里亞等, 諸大洲之位置·地利·生業·産物·都府·市邑·政體·風俗[每
週二時] ○歷史: [日本歷史] 授自神武天皇, 至今上天皇, 『歷代史乘』之槪畧
[每週三時] ○筭術: 乘方, 開方, 尤積法[每週一時] ○代數學: 整數四術, 分
數四術[每週三時] ○和漢文: 使讀且講『通鑑覽要』卷九至卷十五, 與『清史
覽要』卷一, 兼作混假字文章, 據『語彙指掌圖及別記』, 以敎語格, 且使讀『神
皇正統記』等, 兼作簡易和文[每週四時] ○英文: [講讀] 拔萃『苐三理土兒』
[書名]及地理書·植物書等之要領, 使譯讀之.; [文法] 前級同.; [作文] 使作
地理·植物等記文[每週三時] ○圖畫: [臨畫] 器具·家屋類之輪郭.; [幾何畫
法] 總論器械用法, 曲·直線及屬單形諸題[每週二時] ○體操: [前級同. 每
週五時] 豫科第二級 ○動物學: 無脊髓及有脊髓, 諸動物之搆造·性習等[每
週三時] ○生理學: 骨骼·筋肉·皮膚·消食器·循血器·呼吸器·神經及感覺等
之槪論[每週三時] ○歷史: [支那歷史] 授太古三皇五帝以下, 至明末, 沿革
之槪畧[每週二時] ○記簿法: 商用紙類, 單記法, 複記法[每週二時] ○代數
學: 一元一次方程式, 多元一次方程式, 乘方及開方[每週三時] ○幾何學: 直
線論[每週二時] ○漢文: 使讀且講『清史覽要』卷二至大尾, 與『文章軌範』正
編, 兼作漢文[每週二時] ○英文: [講讀] 拔萃『苐四理土兒』·動物書·生理書
等之要領, 使譯讀之.; [文法] 使學思想及文章分解.; [作文] 使作動植物等之
記文[每週三時] ○圖畫: [臨畫] 前級同.; [幾何畫法] 比例, 更面橢圓線, 抛
物線等諸題[每週三時] ○體操: [前級同. 每週五時] 豫科第一級 ○物理學:
物·力·動·通論. [重學] 重力, 墮下體, 搖錘, 權衡等.; [水學] 静水學, 亞氏理
論及其應用水力平均等.; [氣學] 氣體性質·其張力之測之·空氣·氣壓及關
之諸器等.; [熱學] 寒暑鍼, 物質膨脹之理, 溶解·固實·氣發·凝結之理, 驗濕
學·外射熱·之熱學·用熱術·蒸氣機關·地熱等[每週五時] ○歷史: [西史] 授

太古·中古·近世沿革概畧[每週三時] ○經濟學: 授生財·配財·交易·反租稅等之概畧[每週二時] ○代數學: 根數式, 一元二次方程式, 二元二次方程式[每週三時] ○幾何學: 面積論及比例[每週二時] ○星學: 授總說, 地毬及太陰之運動, 太陽系, 諸遊星, 太陽及他恒星畧論及㝎天體位置方法等之概畧[每週三時] ○英文: [講讀] 拔萃『第四理土兒』·物理書·歷史等之要領, 使譯讀之.; [文法] 授句讀法, 使專校正文章之誤謬.; [作文] 使作歷史中著名人物畧傳[每週二時] ○圖畫: [透視畫法] 總論器具·家屋等之輪郭.; [投影畫法] 總論點線投影法·平面視圖·斷面視圖·點線等[每週三時] ○體操: [前級同. 每週五時] 高等豫科第四級 ○物理學: [聴學] 音響之發生及傳達, 顫動數之測㝎, 諸體顫動, 音樂理論.; [視學] 光之發生, 反射及曲折, 視學諸器, 光線分觧, 物色, 光波論, 光線分極法[每週三時] ○地文學: 授地毬總論, 地皮畧說, 陸地形勢, 大氣·光熱·電磁等之現象概畧[每週二時] ○論理學: 總論各稱·成文·命題·演題·虛說·分觧法·合成法·歸納法等[每週三時] ○代數學: 比例, 順錯例, 數學級數, 幾何級數[每週二時] ○幾何學: 圓論及雜問[每週三時] ○和漢文: 使讀且講『史記論文列傳』卷六十一, 至卷九十三, 兼作漢文, 授『言葉之八衢』[書名]·『天仁遠波之栞』[書名]·『文藝類纂』·『文志部』等, 兼使作和文[每週四時]. 英文: [講讀] 拔萃『第五理土兒』及他書中名文, 使譯讀之.; [修辭] 使學總論及諸法則等.; [作文] 使練習英譯和文, 兼作論文[每週三時] ○圖畫: [臨畫] 山·水·禽·獸·草·木等, 帶影密畫. [每週三時] ○體操: [前級同. 每週五時] 高等豫科第三級 ○物理學: [磁氣學] 磁氣性質, 大地磁氣吸引力及拒反力法則, 起磁法等.; [電氣學] 通有之現象, 電氣之誘導, 電氣力之測㝎, 起電器及所屬之試驗, 蓄電器·測電器等, 濕電氣及所屬之諸器, 電氣化學等[每週三時] ○植物學: 授植物詳記類別之理, 識別㝎之用法, 兼使用顯微鏡學, 植物之組織,[每週三時] ○地文學: 授海水論, 海陸生物論, 物産及人類概論[每週二時] ○經濟學: 生財論·配財論·交易論·租稅論等[每週三時] ○三角術: 八線變化, 對數用法, 三角實筭[每週三時] ○和漢文: 使讀且講『史記論文列傳』卷九十四, 至大尾, 兼作漢文, 授『言葉之八衢』·『天仁遠波之栞』·『文藝類纂』·『文志部』等, 兼使作和文[每週四時] ○英文: [講讀]

前級同.; [修辭] 前級同.; [作文] 使學英譯和文, 兼作關地文學·經濟學·論文等[每週三時] ○圖畫: [臨畫] 前級同.; [透視畫法] 家屋·堂門之輪郭及燭光陰影等.; [寫生] 摸型輪郭, 器具陰影等[每週二時] ○體操: [前級同. 每週五時] 高等豫科第二級 ○化學: 有機物中, 必要於百工製造者及特關於化學上者等, 兼授所必要於ᄅ性·分析, 酸類及諸金屬鑑識法[每週三時] ○金石學: 物理的金石學, 化學的金石學, 記實金石學, 識別金石學[每週四時] ○動物學: 授動物綱目槪論, 使鮮剖各種中, 當爲標摸動物, 且使專臨寫實物[每週四時] ○歷史: [總論] 歐洲之地勢及人種論, 印度敎·埃及開化槪畧.; [希臘] 疑團之世, 信敎之世, 道理之世, 智力衰頹之世.; [羅馬] 史學及哲學之勢力[每週三時] ○測量術: 器械用法, 製圖法, 實地測量等[每週二時] ○漢文: 選唐·宋八大家名文, 几百五十篇, 使讀且講之, 兼作漢文[每週二時] ○英文: [英文學] 使學英語沿革及英·米諸大家詩·賦·散文等, 兼讀諸大家傳.; [作文] 使就開化史中事迹, 作論文等[每週三時] ○圖畫: [寫生] 前級同.; [製圖] 繪圖法[每週二時] ○體操: [前級同. 每週五時] 高等豫科第一級 ○化學: 使就實地, 硏究前期所講授諸元素鑑識法, 而後單純鹽類之溶液或混合物, 以使學ᄅ性分析, 且記其分析法與成果, 而乞敎員之檢閱[每週三時] ○生理學: 使用顯微鏡學, 皮膚·筋肉·骨髓·神經等之組織[每週三時] ○地質學: [力學的地論] 氣力, 水力, 火力, 生力.; [地質造搆論] 大地造搆, 成層石, 不成層石, 變質石, 通有之磨滅等, 地質及生物變遷史, 太古代·古生代·中古生代·新生代·人代[每週五時] ○歷史 [歐羅巴] 疑團之世, 信敎之世, 東部廢敎之世, 西部信敎之世, 道理之世[每週三時] ○星學: 星學變遷史, 普有之重力, 望遠鏡鮮說及實用, 天體距離測度, 光線運動, 三稜玻璃鏡之用, 太陽系之造搆, 太陽內郭遊星·外郭遊星·彗星及隕石[每週四時] ○漢文: 選唐·宋八大家名文, 几百五十篇, 使讀且講之, 兼作漢文[每週二時] ○英文: [英文學] 前級同.; [作文] 前級同[每週三時] ○體操: [前級同. 每週五時] 本科下級 ○物理學: 使就物性, 重學, 氣學, 水學等部, 專硏習敎授術, 兼學器械之用法[每週三時] ○金石學: 用金石實物, 硏習其敎授術[每週一時] 植物學: 探集普有之花卉·草木, 硏習其敎授術[每週一時] ○動物學: 用普有之動物, 硏習其敎授術

[每週一時] ○地誌: 硏習敎授地圖及地毬儀之用法, 地文學初步, 諸大洲及各國地誌之方法[每週二時] ○心理學: [智] 表視力, 再現力, 反射力, 道理.; [情] 慾, 性, 望, 愛, 意及德[每週五時] ○敎育學: 講授心育·智育·體育之理, 實物課, 讀方, 作文, 書法, 畫法, 筭術, 地誌, 歷史及唱歌等之敎授接[每週四時] ○學校管理法: 學校管理之目的,關校具整置法, 分級法, 課程表, 製法, 校簿整頓法, 器械·校舍·園庭等諸件及生徒威儀等[每週二時] ○筭術: 使硏習數·記數法,合結關係等之敎授術[每週二時] ○幾何學: 使就點·線·角·面·容·形·體之性質·關係等, 硏習其敎授術[每週三時] ○圖畫: 使硏習諸種畫法之敎授術[每週一時] ○書法: 使硏習敎授之順序及運筆之方法等[每週半時] ○讀法: 使就單語,連語,讀本等, 硏習讀法之敎授術[每週一時] ○唱歌: 使就關八音變化歌曲, 凢五十, 硏習其敎授術[每週一時] ○體操: 使硏習敎授幼兒體操術, 男子體操術, 女子體操術等方法[每週半時] 本科上級 ○實地授業: [每週二十八時]

入學規則

一, 志願者,揭年齡,身體及志望所具. 且應其試業科目, 有以學力爲要. 年齡, 十六年以上, 二十二年以下者; 身體, 無病强健, 在學中, 無家事係累者; 志望, 欲爲小學·中學敎員者. 一, 入學試業科目, 和漢文, 英文, 筭術[代數初步], 日本及各國地誌, 日本歷史, 物理學大意. 一, 臨時試業, 從其各科進步之程度, 一學期內, 三度以上, 六度以下, 各敎員, 臨時見量行之. 一, 乏時試業, 於每級, 修習各學科課程之終, 每乏期日, 試驗其全體. 一, 試業評點調査之法, 至期末, 合計該學期內, 諸試業之評點數, 乏各科點數之法. 一, 等級進退, 無論何等學科, 期末調査之點數, 六十以下者, 又一學期內, 凢六十日以上欠課者, 不許進級. 一, 卒業生種類, 不由豫科, 直入本科, 卒業者, 爲小學敎員; 經豫科及高等豫科, 入本科者, 爲中學敎員. 一, 休業期日, 與他學校同. 一, 學資金, 每生徒一名, 一月金六圓, 付之而在校日數, 未滿一月者, 計日給之. 一, 學校, 命退學者及願退者, 已受學資, 皆辨償. 校長, 一人; 敎員, 十六人; 生徒, 一百六十三人[學資金,每月六圓, 並官給]

附屬小學規則

一, 大別上·下二等, 各置八級, 最下第八級, 最上第一級. 一, 每級修學之期, 限半年, 即十八週間[諸休業日筭入]. 故在學年, 限上·下通為八年. 一, 通例修業時數, 每日五時間, 即一週, 二十八時間[土曜半日筭入]. 但下等第八級之授業時數, 每日四時間, 即一週, 二十三時間. 一, 修身談一課, 付二十五分時, 講於每朝開校時, 唱歌及體操一課, 付三十分時, 隔日分授, 其他諸學, 總一課, 付四十五分時. 但裁縫, 與幾何學, 同時授之, 男生徒, 幾何學之時間, 充女生徒, 習裁縫之時間. 一, 上等小學第六級以上之生徒, 隨其志望, 得英文或漢文, 習學. 一, 志願者, 不論華族·士族及平民, 年齡, 六年以上, 七年以下. 一, 試驗, 分為小試驗·乏時試驗之二種, 小試業者, 各學科之几一個月間, 所修習之試驗於部分, 乏時試業者, 每學期之終, 全體試驗於該學期內之所修習. 一, 每級卒業者, 與第一號證書, 全科卒業, 與第二號證書.

小學教則

下等第八級[一週內之課數]. ○讀書: [讀法] 伊呂波, 五十音, 次清音, 濁音[每週四時]; [作文] 假名人工物之記事作[每週二時] ○習字: 片假名, 平假名[每週三時] ○實物: [數目] 實數名稱·計方, 加減·乘除[每週四時]; [色彩]本色, 間色[每週二時]; [位置] 諸物位置之關係[每週二時]; [動物] 人體各部名稱·位置·効力[每週二時]; [人工物] 全體及部分名稱·位置·効力[每週二時] ○修身: 小說, 寓言等, 勸善大意口論[每週六時] ○罫畫: 直線單形畫[每週二時] ○唱歌: 當分欠[每週三時] ○體操: 四支運動[每週三時] 第七級[一週內之課數]. ○讀書: [讀法] 簡易假名文及漢字交文[每週六時]; [作文] 前級同[每週二時] ○習字: 行書[每週三時] ○實物: [數目] 前級同[每週六時]; [色彩] 前級同[每週一時]; [形體] 面, 線, 角名稱·種類[每週二時]; [位置] 方位及諸點[每週二時]; [植物] 普通草木全體及部分·名稱·位置·効用[每週二時]; [人工物] 前級同[每週二時] ○修身: 前級同[每週六時] ○罫畫: 前級同[每週二時] ○唱歌: 前級同[每週三時] ○體操: 前級同[每週三時] 第六級[一週內之課數] ○讀書: [讀法]『小學讀本』卷之一·二[每週四時]; [作文] 假

名家畜·家禽·庭樹·園草之記事[每週二時] ○習字: 前級同[每週三時] ○實物: [形體] 三角形·四角形之名稱·種類·部分[每週二時]; [位置] 學室內諸物之位置, 測之其畧圖[每週二時]; [礦物] 七金·雜金之名稱·性質·効用[每週二時]; [動物] 家畜·家禽之名稱·部分·常習·効用[每週三時]; [人工物] 前級同[每週二時] ○筭術: [筆筭] 百以下數之加筭·減筭[每週六時] ○修身: 前級同[每週六時] ○罫畫: 曲線單形畫[每週二時] ○唱歌: 前級同[每週三時] ○體操: 前級同[每週三時] 第五級[一週內課數]. ○讀書: [讀法]『小學讀本』卷之二·三[每週六時]; [作文] 漢字交文七金·雜金·菓實·蔬菓之記事, 且書式類語[每週二時] ○習字: 前級同[每週三時] ○實物: [形體] 多角形·圓形·橢圓形·卵形之名稱·種類·部分[每週二時]; [度量] 尺度·秤量之名稱·關係·實用[每週三時]; [位置] 學室外諸物之位置, 測之其畧圖[每週二時]; [植物] 菓實·蔬菓之名稱·部分·効用[每週三時]; [人工物] 前級同[每週二時] ○筭術: [筆筭] 千以下數之加筭·減筭[每週三時] ○修身: 前級同[每週六時] ○罫畫: 前級同[每週二時] ○唱歌: 前級同[每週三時] ○體操: 前級同[每週三時] 第四級[一週內之課數]. ○讀書: [讀法] 『小學讀本』卷之四[每週四時]; [作文] 漢字交文, 野生動物·家用礦物之記事, 且書式類語[每週二時] ○習字: 楷書[每週三時] ○實物: [形體] 諸體之名稱·種類·部分[每週二時]; [度量] 前級同[每週二時]; [位置] 前級同[每週二時]; [礦物] 家用礦物之名稱·性質·効用[每週二時]; [動物] 野生動物之名稱·部分·常習·効用[每週三時]; [人工物] 前級同[每週二時] ○筭術: [筆筭] 百以下數之乘筭·除筭[每週四時] ○修身: 前級同[每週六時] ○罫畫: 曲·直線單形畫[每週二時] ○唱歌: 前級同[每週三時] ○體操: 前級同[每週三時] 第三級[一週內之課數]. ○讀書: [讀法]『小學讀本』卷之五[每週六時]; [作文] 漢字交文, 穀類·菜蔬類之記事, 且寄贈文,聽取書[每週二時] ○習字: 前級同[每週三時] ○實物: [度量] 前級同[每週二時]; [位置] 學校近傍之位置, 教授其畧圖[每週二時]; [植物] 穀類·菜蔬類之名稱·部分·効用[每週三時]; [人工物] 前級同[每週二時] ○筭術: [筆筭] 千以下數之乘筭·除筭[每週四時]; [珠筭] 筭珠用法·加法·減法[每週二時] ○修身: 前級同[每週六時] ○罫畫: 前級同[每週二時]

○唱歌: 前級同[每週三時] ○體操: 前級同[每週三時] 第二級[一週內之課數]. ○讀書: [讀法]『小學讀本』卷之六[每週四時]; [作文] 漢字交文, 魚介類之記事, 且誘引文, 送狀[每週二時] ○習字: 草書[每週三時] ○實物: [度量] 枡之名稱·關係·實法[每週二時]; [位置] 區內之位置, 教授其畧圖[每週二時]; [礦物] 繪具類之名稱·性質·効用[每週二時]; [動物] 魚介類之名稱·部分·常習·効用[每週三時]; [人工物] 全體及部分之搆造·効用[每週二時] ○筭術: [筆筭] 千以下數之加減·乘除[每週四時]; [珠筭] 乘法, 除法[每週二時] ○修身: 前級同[每週六時] ○罫畫: 紋畫[每週二時] ○唱歌: 前級同[每週三時] ○體操: 前級同[每週三時] 第一級[一週內之課數]. ○讀書: [讀法]『小學讀本』卷之七[每週六時]; [作文] 漢字交文, 海藻類·芝栭類之記事, 且訪問文, 屆書[每週二時] ○習字: 前級同[每週三時] ○實物: [度量] 諸種之尺度量目·比較關係[每週二時]; [位置] 東京市中之位置, 教授其畧圖[每週二時]; [植物] 海藻類·芝栭類之名稱·部分·効力[每週三時]; [人工物] 前級同[每週二時] ○筭術: [筆筭] 分數初步[每週四時]; [珠筭] 四則雜題[每週二時] ○修身: 前級同[每週六時] ○罫畫: 前級同[每週二時] ○唱歌: 前級同[每週三時] ○體操: 前級同[每週三時] 上等第八級[一週內之課數]. ○讀書: [讀法]『讀本』卷之一,[每週四時]; [作文] 漢字交文,寶石類·虫類·爬虫類之記事, 且祝賀文, 屆書[每週二時] ○習字: 行書[每週三時] ○實物: [礦物] 寶石類之名稱·性質·効用[每週三時]; [動物] 虫類·爬虫類之名稱·部分·常習·効用[每週三時] ○筭術: [筆筭] 定數命位[每週四時]; [珠筭] 前級同[每週一時]; [幾何] [男生徒] 線之性質·關係[每週二時] ○地理: 總論[每週四時] ○脩身: 賢哲之言行說, 人倫之大道[每週六時] ○罫畫: 器具·家屋之輪廓[每週二時] ○唱歌: 前級同[每週三時] ○體操: 徒手演習[每週三時] ○裁縫: [女生徒] 運針法[每週二時] 第七級[一週內之課數]. ○讀書: [讀法]『讀本』卷之二[每週六時]; [作文] 雜題,漢字交作記事文, 且謝言文, 願書[每週二時] ○習字: 前級同[每週三時] ○實物: [植物] 製造用植物[每週四時] ○筭術: [筆筭] 加法, 減法[每週四時]; [珠筭] 前級同[每週一時]; [幾何] [男生徒] 角之性質·關係[每週二時] ○地理: 日本國之地誌[每週四時] ○脩身: 前

級同[每週六時] ○罫畫: 前級同[每週二時] ○唱歌: 前級同[每週三時] ○體操: 前級同[每週三時] ○裁縫: [女生徒] 前級同[每週二時] 第六級[一週內之課數]. ○讀書: [讀法]『讀本』卷之三[每週六時]; [作文] 雜題, 漢字交作記事文, 且送別文及願書[每週二時] ○習字: 楷書[每週二時] ○筭術: [筆筭] 乘法, 除法[每週四時]; [幾何] [男生徒] 面之性質·關係[每週二時] ○地理: 前級同[每週四時] ○脩身: 前級同[每週六時] ○博物: [金石學] 金石之通性及單純礦物[每週三時]; [植物學] 植物部分[每週三時] ○罫畫: 前級同[每週二時] ○唱歌: 前級同[每週三時] ○體操: 前級同[每週三時] ○裁縫: [女生徒] 單物類之裁方·縫方[每週二時] ○隨意科 ○讀書: [漢文]『蒙求』之上卷[每週三時]; [英文] 綴字及讀方[每週三時] 第五級[一週內之課數]. ○讀書: [讀法] 前級同[每週六時]; [作文] 雜題, 漢字交作記事文, 且吊慰文及願書[每週二時] ○習字: 前級同[每週二時] ○筭術: [筆筭] 分數[每週四時]; [幾何] [男生徒] 前級同[每週二時] ○地理: 亞細亞·歐羅巴·亞弗利加各國之地誌[每週四時] ○歷史: 日本歷史紀元, 至二千百年代[每週二時] ○修身: 前級同[每週六時] ○博物: [金石學] 硫化·酸化·珪化礦物[每週二時]; [植物學] 普通植物之分類[每週二時] ○罫畫: 草木·禽獸之輪廓[每週二時] ○唱歌: 前級同[每週三時] ○體操: 前級同[每週三時] ○裁縫: [女生徒] 前級同[每週二時] ○隨意科 ○讀書: [漢文]『蒙求』之中卷[每週三時]; [英文] 讀方, 文典[每週三時] 第四級[一週內之課數]. ○讀書: [讀法]『讀本』卷之四[每週六時]; [作文] 漢字交之論說文, 且貸借文, 證券書例[每週二時] ○習字: 草書[每週二時] ○筭術: [筆筭] 前級同[每週四時]; [幾何] [男生徒] 容之性質·關係[每週二時] ○地理: 南北亞米利加·大洋洲各國之地誌[每週四時] ○歷史: 日本歷史, 二千百年代, 至今代[每週四時] ○修身: 前級同[每週二時] ○唱歌: 前級同[每週三時] ○體操: 器械演習[每週三時] ○裁縫: [女生徒] 袷物類之裁方·縫方[每週二時] ○隨意科 ○讀書: [漢文]『蒙求』之下卷[每週三時]; [英文] 前級同[每週三時] 第三級[一週內之課數]. ○讀書: [讀法] 前級同[每週六時]; [作文] 前級同[每週二時] ○習字: 前級同[每週二時] ○筭術: [筆筭] 小數[每週四時]; [幾何] [男生徒] 前級同[每週二時] ○歷史: 萬

國歷史, 上古·中古之部[每週四時] ○修身: 前級同[每週六時] ○物理: 總論, 諸力物之三位[每週三時] ○博物: [動物學] 無脊椎動物[每週三時] ○罫畫: 前級同[每週二時] ○唱歌: 前級同[每週三時] ○體操: 前級同[每週三時] ○裁縫: [女生徒] 前級同[每週二時] ○隨意科 ○讀書: [漢文]『十八史畧』卷之一·二[每週三時]; [英文] 前級同[每週三時] 第二級[一週內之課數]. ○讀書: [讀法]『讀本』卷之五[每週六時]; [作文] 雜題, 諸體之文章[每週二時] ○筭術: [筆筭] 諸比例[每週四時]; [幾何] [男生徒] 諸題論證[每週三時] ○歷史: 萬國歷史, 近世之部[每週二時] ○修身: 前級同[每週六時] ○物理: 顫動體, 熱體[每週三時] ○化學: 總論及火·風·水·土之概論[每週三時] ○生理: 骨骼, 筋肉, 皮膚, 消化器[每週三時] ○罫畫: 山水之畧畫[每週二時] ○唱歌: 前級同[每週三時] ○體操: 前級同[每週三時] ○裁縫: [女生徒] 綿入物類之裁方·縫方[每週三時] ○隨意科 ○讀書: [漢文]『十八史畧』卷之三·四·五[每週三時]; [英文] 讀方[每週三時] 第一級[一週內之課數]. ○讀書: [讀法] 前級同[每週六時]; [作文] 前級同[每週二時] ○筭術: [筆筭] 前級同[每週四時]; [幾何] [男生徒] 前級同[每週三時] ○修身: 前級同[每週六時] ○物理: 直射熱光發電體[每週四時] ○化學: 非金屬·金屬諸元素[每週四時] ○罫畫: 前級同[每週二時] ○唱歌: 前級同[每週三時] ○體操: 前級同[每週三時] ○裁縫: [女生徒] 前級同[每週三時] ○隨意科 ○讀書: [漢文]『十八史畧』卷之六·七[每週三時]; [英文] 前級同[每週三時] ○敎員, 四人[女, 一人]; 生徒, 一百五十九人[男, 一百四; 女, 五十五].

女子師範學校
規則
一, 本校, 爲養成可爲小學敎員女子處. 一, 敎科, 以小學敎員必須之諸學科及敎育理論諸科, 敎授術爲主, 兼及保育幼稚術. 故卒本校敎科者, 不止當爲小學敎員, 又足爲幼稚園保姆. 一, 爲高生徒學業之基礎, 別設豫科, 以敎學淺未足學本科者, 爲他日登本科階梯.

本科課程

第一年前期, 第六級[一週內之課數]. ○修身: 修身學之要旨及禮節演習[每週三時] ○化學: 化學之要理, 非金諸原素及其化合物[每週四時] ○動物學: 動物之分類及構造·性質等[每週四時] ○算術: 諸等比例, 差分, 百分筭, 平均筭[每週四時].○簿記: 單記,複記[每週二時] ○文學: [講讀]『元·明·清史畧』卷一·二·三[每週四時]; [文法] 字論, 言論, 文論[每週二時]; [作文] 各種之書牘[每週一時] ○圖畫: 器具·花葉等之臨畫[每週二時] ○裁縫: 單物類[每週二時] ○音樂: 唱歌[每週三時] ○體操: 徒手演習, 器械演習[每週三時] 第一年後期, 第五級[一週內之課數]. ○修身: 與前級同[每週三時] ○化學: 金屬諸原素及其化合物, 有機化學之概畧[每週三時] ○植物學: 植物之構造·組織及分類[每週四時] ○筭術: 乘方, 開方, 朮積, 級數[每週二時] ○代數學: 乏數, 分數[每週二時] ○幾何學: 線角, 多角, 形[每週二時] ○文學: [講讀]『元·明·清史畧』卷四·五·六及古今和文[每週五時]; [作文] 動·植諸物記事, 貸借·公用等諸文[每週一時] ○圖畫: 鳥獸·人物等臨畫[每週二時] ○裁縫: 袷類[每週二時] ○音樂: 唱歌[每週三時]; 彈琴[每週二時] ○體操: 與前級同[每週三時] 第二年前期, 第四級[一週內之課數]. ○修身: 與前級同[每週二時] ○家政學: 家政學之要旨[每週一時] ○物理學: 物性論, 力學, 水學, 氣學, 音學[每週四時] ○生理學: 骨·肉·皮, 飲食消化, 運血, 呼吸及神經系感覺等[每週四時] ○代數學: 一次方程式冪及根根式[每週三時] ○幾何學: 比例圈, 平面形作法[每週二時] ○文學: [講讀]『文章軌範』第一·第二冊及古今和文[每週五時]; [作文] 關修身·格物等記事·論說[每週一時] ○圖畫: 實物畫,景色臨畫[每週二時] ○裁縫: 綿入類[每週二時] ○音樂: 唱歌[每週三時]; 彈琴[每週二時] ○體操: 與前級同[每週三時] 第二年後期, 第三級[一週內之課數]. ○修身: 修身學之要旨[每週一時] ○家政學: 家政學之要旨[每週二時] ○物理學: 熱學, 光學[每週三時] ○鑛物學: 鑛物形態物理的·化學的性質及分類·識別[每週二時] ○地文學: 星學的地誌, 地質論, 陸地·河海氣象, 生物·人類諸論[每週四時] ○代數學: 二次方程式, 比例, 順·錯列, 級數[每週三時] ○幾何學: 平面關係多面體, 毬體[每週二時] ○文學:

[講讀]『文章軌範』第三冊及『近世名家文粹初編』[每週四時]; [作文] 雜題之記事·論說, 簡短之漢文[每週一時] ○圖畫: 幾何圖法, 透視圖法[每週二時] ○裁縫: 羽織·袴·帶[每週二時] ○音樂: 唱歌[每週三時]; 彈琴[每週二時] ○體操: 與前級同[每週三時]. 第三年前期, 第二級[一週內之課數]. ○修身: 與前級同[每週一時] ○物理學: 電氣學, 磁氣學, 物理的星學[每週三時] ○三角學: 對數八線, 平三角, 解法等[每週二時] ○文學: [講讀]『近世名家文粹』二編[每週二時]; [作文] 簡短之漢文[每週一時] ○音樂: 唱歌[每週三時] ○體操: 與前級同[每週三時] ○教育論: 心理之要旨, 智育·德育·體育之要旨[每週六時] ○小學教授術: 修身訓, 實物課, 讀書, 作文, 書畫, 筭術, 地誌, 博物學, 物理學等之敎授方法[每週一時] ○幼稚保育術: 實物課, 玩器用法, 唱歌, 遊嬉, 體操等之敎授方法[每週三時]. 第三年後期, 第一級 ○小學實地教授: 幼稚園實地保育.

豫科課程

第一年前期, 第六及[一週內之課數]. ○修身: 日用彝倫·敎訓, 賢哲嘉言·懿行[每週二時] ○植物學: 有花植物諸部及成長·生殖畧說[每週二時] ○筭術: 筆筭, 加減·乘除[每週五時] ○地誌: 地圖解說, 陸地·河海氣象, 生物等[每週四時] ○文學: [講讀] 右村貞一, 編輯『國史畧』卷之一·二[每週五時]; [文法] 簡易記事, 贈答·慶吊等書牘[每週一時] ○圖畫: 直線, 曲線, 單形[每週二時] ○書法: 行書[每週二時] ○裁縫: 運針[每週三時] ○唱歌: [每週三時] ○體操: 與前級同[每週三時]. 第一年後期, 第五級[一週內之課數]. ○修身: 與前級同[每週二時] ○植物學: 普通植物特性·功用等[每週二時] ○動物學: 無脊髓動物搆造·性習等[每週二時] ○筭術: 筆筭, 分數[每週三時]; 珠筭, 加減[每週二時] ○地誌: 日本各部位置·形勢·都邑·物産·敎育等[每週二時] ○文學: [講讀] 右村貞一, 編輯『國史畧』卷之三·四[每週五時]; [文法] 言關係文章分解·合成[每週二時]; [作文] 與前級同[每週一時]; 單物類[每週三時] ○唱歌: [每週三時] ○體操: 與前級同[每週三時] 第二年前期, 第四級[一週內之課數]. ○修身: 與前級同[每週二時] ○物理學: 天然諸力,

凝體, 流體, 氣體性質, 動及音畧說[每週三時] ○動物學: 脊髓動物搆造·性習等[每週二時] ○筭術: 筆筭, 分數, 小數[每週三時]; 珠筭, 乘除[每週二時] ○地誌: 亞細亞·歐羅巴諸國位置·形勢·地理·物産·名都·殊俗等[每週二時] ○文學: [講讀] 右村貞一, 編輯『國史畧』卷之六·七, 古今和文[每週六時]; [作文] 動·植諸物記事, 貸借·公用等屬諸文書[每週一時] ○圖畫: 花葉·果蓏[每週二時] ○書法: 楷書[每週二時] ○裁縫: 與前級同[每週三時] ○唱歌: [每週三時] ○體操: 與前級同[每週三時] 第二年後期, 第三級 [一週內之課數]. ○修身: 與前級同[每週二時] ○物理學: 熱光,電氣畧說[每週三時] ○筭術: 筆筭, 諸等比例[每週三時]; 珠筭,加減·乘除, 雜題[每週二時] ○地誌: 亞非利加·亞米利加大洋洲諸國位置·形勢·地利·物産·名都·殊俗等[每週二時] ○歷史: 歐羅巴人種, 希臘·羅馬盛衰[每週二時] ○文學: [講讀]『十八史畧』卷之一·二·三, 古今和文[每週六時]; [作文] 與前級同[每週一時] ○圖畫: 鳥獸·虫魚[每週二時] ○書法: 行書, 草書[每週二時] ○裁縫: 袷類[每週三時]; 唱歌[每週三時] ○體操: 與前級同[每週三時] 第三年前期, 第二級 [一週內之課數]. ○修身: 女子要務, 應對·進退節[每週二時] ○化學: 非金諸原素畧說[每週三時] ○筭術: 筆筭, 差分, 百分筭, 平均筭[每週四時] ○幾何學: 線角, 三角形, 四角形[每週二時] ○歷史: 西洋諸國, 中世·近世沿革[每週三時] ○文學: [講讀]『十八史畧』卷之四·五,『孟子』第一·第二冊[每週六時]; [作文] 修身, 格物, 歷史等記事·論說[每週一時] ○圖畫: 人物及景色[每週二時] ○書法: 楷行, 草書, 細字[每週二時] ○裁縫: 綿入類[每週三時] ○唱歌: [每週三時] ○體操: 與前級同[每週三時] 第三年後期, 第一級[一週內之課數]. ○修身: 與前級同[每週二時] ○化學: 金屬諸原素之畧說[每週二時] ○生理學: 骨·肉·皮, 消化, 運血, 呼吸等之畧說[每週三時] ○筭術: 筆筭, 乘方, 開方, 尢積, 級數[每週四時] ○幾何學: 比例, 多角形之關係[每週三時] ○文學: [講讀]『十八史畧』卷之六·七,『孟子』第三·第四冊[每週六時]; [作文] 與前級同[每週一週] ○圖畫: 幾何圖法,透視圖法[每週二時] ○書法: 楷行, 草書, 細字[每週二時] ○裁縫: 羽織·袴[每週三時] ○唱歌: [每週三時] ○體操: 與前級同[每週三時].

入學規則

一, 本科生徒, 年十五歲以上, 二十歲以下, 性行善良, 身體康健, 在學中, 無家事係累者, 以充之. 一, 望入學者, 先於入學試驗之期日, 記載學業之履歷, 添以入學願書, 差出當校. 一, 入學試業, 每學期之初, 即每年二月下旬及九月中旬, 行之. 入學試業之科目: 講讀: 『十八史畧』, 『國史畧』; 作文: 記事, 書牘; 書法: 楷行, 草書; 圖畫: 器具·花葉等; 筭術: 筆筭, 諸比例, 珠筭, 加減·乘除; 地誌: 歷史; 物理學大意. 一, 豫科生徒, 年十二歲以上, 十七歲以下者, 以讀近易之書, 又畧學筭術者, 充之, 而卒尋常之小學校業者, 其齡, 雖不滿十二歲, 當許入學. 一, 豫科者之入學校, 不之其入學之期日, 每有望入者, 畧試其學業, 入相當級中.

教授規則

一, 本科及豫科生徒, 修業之年限, 各爲三年, 又分一學年, 爲前後二學期. 一, 學年, 始於九月十一日, 終於翌年七月十日, 前學期, 自學年始日, 至翌年二月十五日, 後學期, 自二月二十三日, 至學年終日. 一, 本科及豫科, 第一年受業者, 第六級, 卒一期之業者, 每進一級, 修業三年者, 爲第一級. 一, 教授之時間, 每日五時三十分, 土曜日, 則三時三十分, 一週中, 三十一時間. 一, 唱歌及體操之教授, 一課, 爲三十分間, 其他諸學科, 一課, 爲一時間. 一, 諸科之學, 槩以尤實學智識爲主, 不要講讀其用書. 故文學科中, 所屬諸書之外, 他書籍, 摠爲參考授付之. 一, 家政學中, 兼授割烹之事, 於本科時外, 以爲練習之. 一, 生徒之試業, 一學期內, 三回以上, 六回以下, 而各科進步之度, 從其教員之見量, 臨時行之, 又至學期之末, 同時試驗其期內學習之諸科, 合計前後試業之點數, 以得各科之點數, 之生徒之進退. 一, 得全科之卒業者, 當授與卒業證書. 一, 生徒休業, 與他學校同. ○校長, 二人; 教員, 二十六人[男女, 各十三人]; 生徒, 一百九十四人[學資金, 每月, 四圓五十錢, 官給, 七十八人].

附屬幼稚園規則

一, 所以設幼稚園之旨, 在使未滿學齡幼稚者, 開達天賦之知覺, 啓發固有之

心思, 滋補身體之健全, 曉知交際之情誼, 慣熟善良之言行. 一, 幼稚入園者, 齡滿三年以上, 滿六年以下, 無論男女[但隨時宜, 使滿二年以上者, 入園, 或滿六年以上者, 猶在園]. 一, 幼稚未種痘, 或未歷天然痘者及罹傳染病者, 不許立願, 其旣入園者, 罹傳染病, 則非全愈, 不許至園[但每月, 第一土曜日, 招醫師, 診在園幼稚者]. 一, 入園幼稚者, 大約百五十人, 爲之員. 一, 募入園幼稚者, 則預廣告其期日及人員等. 一, 欲使幼稚者, 入園, 則呈書願之, 得許可, 則呈保證狀. 一, 在園中, 則保姆任保育幼稚者之責. 故不要使保傅, 從幼稚者[但幼稚者, 未慣馴保姆, 則可保育之於員外開誘室. 故保傅相從, 亦無妨, 且幼稚者, 不能獨徃還, 則可使保傅, 送迎之]. 一, 幼稚入園者, 每月, 出金三十錢, 充育費[但保育於員外開誘室者, 納其半額]. 一, 幼稚入園者, 各隨其齡, 分之三團[但滿五年以上, 爲第一團, 滿四年以上, 爲第二團, 滿三年以上, 爲第三團]. 一, 保育幼稚者, 每日, 以四時間爲期[但雖保育時間中, 幼稚者, 有故, 則告之, 退園, 亦無妨]. 一, 幼稚者, 在園時間, 自六月一日, 至九月三十日, 午前第八時, 入園, 正午十二時, 出園; 自十月一日, 至五月三十一日, 午前第九時, 入園, 午後第二時, 出園.

保育科目

第一, 物品科: 就日用器物, 卽椅子與机, 或禽獸·花果等, 示其性質·形狀等. ○第二, 美麗科: 示幼稚者所觀, 以爲美麗而愛好之物, 卽彩色等. ○第三, 知識科: 因所觀玩, 開其知識, 卽示立方體以幾個之端, 線·平面幾個之角, 而成其形如何之類. 列三科目之如左. 玩五彩毬, 三形物之理解, 玩貝, 連鎖, 積形體方法, 置形體方法, 置木著方法, 置環方法, 剪紙, 剪紙貼付之, 鍼畫, 縫畫, 圖畫, 織紙, 疊紙, 木著摸製, 粘土摸製, 組木片方法, 組紙片方法, 計數, 博物理解, 唱歌, 說話, 體操, 遊嬉.

保育課程

第三團 ○幼稚滿三年以上, 滿四年以下. ○月曜日: 室內會集[三十分]; 唱歌[三十分]; 玩毬[第一箱. 四十五分]; 圖畫[三倍線之直角等. 四十五分]; 遊嬉

[一時半]. ○火曜日: 室內會集[三十分]; 體操[三十分]; 小話[四十五分]; 疊紙[第一號, 至第四號, 其他單易之形. 四十五分]; 遊嬉[一時半]. ○水曜日: 室內會集[三十分]; 體操[三十分]; 三形物[毬·圓柱·六面形. 四十五分]; 玩具[四十五分]; 遊嬉[一時半]. ○木曜日: 室內會集[三十分]; 唱歌[三十分]; 計數[一, 至十]; 體操[幷四十五分]; 連鎖[四十五分]; 遊嬉[一時半]. ○金曜日: 室內會集[三十分]; 體操[三十分]; 積形體方法[至第四箱. 四十五分]; 鍼畫[四十五分]; 遊嬉[一時半]. ○土曜日: 室內會集[三十分]; 體操[三十分]; 畫解[四十五分]; 置木著方法[至六本. 四十五分]; 遊嬉[一時半]. ○但保育之餘間, 授體操, 或唱歌, 以下皆然. 第二團 ○幼稚滿四年以上, 滿五年以下. ○月曜日: 室內會集[三十分]; 唱歌[三十分]; 置形體方法[四十五分]; 圖畫[至三角形等. 四十五分]; 遊嬉[一時半]. ○火曜日: 室內會集[三十分]; 體操[三十分]; 博物或修身等之說話[四十五分]; 針畫[四十五分]; 遊嬉[一時半]. ○水曜日: 室內會集[三十分]; 體操[三十分]; 積形體方法[第三箱, 至第四箱. 四十五分]; 縫書[三倍線等. 四十五分]; 遊嬉[一時半]. ○木曜日: 室內會集[三十分]; 唱歌[三十分]; 計數[一至十二]; 體操[幷四十五分]; 織紙[至第十二號. 四十五分]; 遊嬉[一時半]. ○金曜日: 室內會集[三十分]; 體操[三十分]; 置木著方法[六本, 至二十本. 四十五分]; 疊紙[四十五分]; 遊嬉[一時半]. ○土曜日: 室內會集[三十分]; 體操[三十分]; 歷史上之說話[四十五分]; 積形體方法[第四箱. 四十五分]; 遊嬉[一時半]. 第一團 ○幼稚滿五年以上, 滿六年以下. ○月曜日: 室內會集[三十分]; 博物或修身等之說話[三十分]; 置形體方法[第七箱, 至第九箱. 四十五分]; 圖畫; 組紙片方法[幷四十五分]; 遊嬉[一時半]. ○火曜日: 室內會集[三十分]; 計數[一至百. 三十分]; 積形體方法[第五箱]; 小話[幷四十五分]; 針畫[四十五分]; 遊嬉[一時半]. ○水曜日: 室內會集[三十分]; 木著摸製[折木著, 使知四分以下分數之理, 或作文字及數字. 三十分]; 剪紙及貼付之[四十五分]; 歷史上之說話[四十五分]; 遊嬉[一時半]. ○木曜日: 室內會集[三十分]; 唱歌[三十分]; 置形體方法[第九箱, 至第十一箱. 四十五分]; 疊紙[四十五分]; 遊嬉[一時半]. ○金曜日: 室內會集[三十分]; 木著模製[用木著與大豆, 模製六面形及箸, 日用器物等. 三十

分]; 積形體方法[第五箱, 至第六箱. 四十五分]; 織紙[四十五分]; 遊嬉[一時半]. ○土曜日: 室內會集[三十分]; 組木片方法; 粘土摸製[并三十分]; 置環方法[四十五分]; 縫畫[四十五分]; 遊嬉[一時半]. ○保姆, 四人; 幼兒, 九十八人.

外國語學校

沿革

舊開成學校中, 置英·佛二國之語學科, 合外務省所設外國語學所矣. 二年, 但置二國語學於開成學校, 尋置獨語學. 六年, 區分生徒, 以下等中學一級以上, 為專門學生徒, 以下, 為語學生徒, 外務省所設, 獨·露·漢語學所, 亦屬文部省. 於是, 檢查生徒之學力, 據外國語學教則, 改正學級及學科, 乃並獨·露·漢語學所於開成學校語學教場, 稱東京外國語學校, 以授英·佛·獨·露·漢之語學. 七年, 置東京英語學校, 割本校英語學一科, 屬之以本校, 為授佛·獨·露·漢語學之所. 十年, 並授朝鮮語學.

校則

一, 本校, 為授佛語學·獨語學·露語學·漢語學·朝鮮語學之所. 一, 各語學, 分上下二等, 修下等語學之期, 為三年, 修上等語學之期, 為二年.

別附課程

一, 每日課業本課[佛·獨·露·漢, 各語學課]., 為四時間, 副課[譯讀課, 國書課]., 為一時間, 體操, 為三十分間. 一, 入學生, 以齡十八歲以下, 為限[雖十八歲以上, 有學業者, 許入學]. 一, 入學生, 非有卒小學業之學力者, 不許入學. 一, 欲入學者, 呈願入學書及學業履歷, 書於本校書記掛. 一, 入學期, 每年玄期試業[二月, 七月].後, 玄之[各語學各級, 有闕員, 則臨時許入學]. 一, 學年, 始於九月十一日, 終於翌年七月十日. 一, 分學年, 為二學期, 第一學期, 始於九月十一日, 終於翌年二月十五日, 第二學期, 始於二月十六日, 終於七月十日. 一, 每學期末, 試生徒之業, 付試驗表於各級生, 及弟者, 昇其級[生徒學力, 或大生優劣之差, 則不待學期末, 臨時昇降之]. 一, 卒上等語學

第一級之業者, 與卒業證書. 一, 生徒學業, 無進步之効, 不可望卒業者, 或使退學. 一, 生徒卒業, 與他學校同. 一, 受業料, 一個月, 以金二圓, 爲之額.

漢語·朝鮮語學課程
下等第一年, 第六級 〇習字[楷字]; 授音[儒書]; 授語[單句]; 筭術[數目命位, 加減·乘除]; 體操. 第五級 〇習字[前級同]; 授音[前級同]; 授語[單句, 單語]; 句法; 筭術[分數]; 體操[前級同]. 第二年, 第四級 〇習字[前級同]; 授音[前級同]; 授語[前級同]; 句法[前級同]; 筭術[小數度量]; 體操[前級同]. 第三級 〇習字[前級同]; 授音[前級同]; 授語[單語, 話本]; 話稿; 翻譯[散文]; 筭術[率·反比例]; 體操[前級同]. 第三年, 第二級 〇習字[前級同]; 授音[前級同]; 授語[前級同]; 話稿[前級同]; 翻譯[散文, 吏讀]; 筭術[比例, 開方]; 體操[前級同]. 第一級 〇授音[前級同]; 授語[稗史]; 話稿[前級同]; 翻譯[吏讀, 尺牘]; 觧文[吏書, 淸典]; 筭術[級數, 對數]; 體操[前級同]. 上等第四年, 第四級 〇授音[前級同]; 授語[前級同]; 話稿[前級同]; 翻譯[前級同]; 觧文[前級同]; 記簿法[單記]; 代數[加減·乘除, 分數]; 幾何; 英語; 體操[前級同]. 第三級 〇授音[前級同]; 授語[前級同]; 話稿[前級同]; 翻譯[前級同]; 觧文[吏書, 淸律]; 記簿法[複記]; 代數[一次方程式]; 幾何[前級同]; 英語[前級同]; 體操[前級同]. 第五年, 第二級 〇授音[前級同]; 授語[前級同]; 話稿[前級同]; 翻譯[前級同]; 觧文[前級同]; 記簿法[前級同]; 代數[二次方程式]; 幾何[前級同]; 英語[前級同]; 體操[前級同]. 第一級 〇授音[前級同]; 授語[前級同]; 話稿[前級同]; 翻譯[前級同]; 觧文[前級同]; 代數[級數]; 幾何[前級同]; 英語[前級同]; 體操[前級同].

佛·獨·露語學課程
下等第一年, 第六級 〇綴字; 讀法[用關修身及博物學書]; 習字[快走體]; 譯文; 筭術[數目命位]; 體操[前級同]. 第五級 〇綴字[前級同]; 讀法[前級同]; 習字[前級同]; 書取; 文法; 諳誦; 譯文[前級同]; 筭術[加減·乘除]; 體操[前級同]. 第二年, 第四級 〇讀法[前級同]; 習字[前級同]; 書取[前級同]; 文法

[前級同]; 諳誦[前級同]; 會話; 譯文[前級同]; 筹術[分數]; 地理學; 體操[前級同]. 第三級 ○讀法[前級同]; 習字[前級同]; 書取[前級同]; 文法[前級同]; 諳誦[前級同]; 會話[前級同]; 作文; 譯文[前級同]; 筹術[小數度量]; 地理學[前級同]; 歷史[太古史]; 體操[前級同]. 第三年, 第二級 ○讀法[前級同]; 習字[圓滑體]; 書取[前級同]; 文法[前級同]; 諳誦[前級同]; 會話[前級同]; 作文[前級同]; 譯文[前級同]; 筹術[率·反比例]; 地理學[前級同]; 歷史[續史]; 體操[前級同]. 第一級 ○讀法[前級同]; 習字[欹斜體]; 書取[前級同]; 文法[前級同]; 諳誦[前級同]; 會話[前級同]; 作文[前級同]; 譯文[前級同]; 筹術[比例, 開方]; 地理學[前級同]; 歷史[中古史]; 體操[前級同]. 上等第四年, 第四級 ○書取[前級同]; 詞格; 諳誦[前級同]; 作文[前級同]; 譯文[前級同]; 筹術[級數, 對數]; 地理學[前級同]; 歷史[前級同]; 物理學; 代數[加減·乘除. 分數]; 幾何; 體操[前級同]. 第三級 ○書取[前級同]; 詞格[前級同]; 演說; 作文[前級同]; 譯文[前級同]; 記簿法[單記]; 地理學[前級同]; 歷史[近世史]; 物理學[前級同]; 代數[一次方程式]; 幾何[前級同]; 體操[前級同]. 第五年, 第二級 ○修辭; 演說[前級同]; 作文[前級同]; 論理學; 譯文[前級同]; 記簿法[複記]; 歷史[前級同]; 物理學[前級同]; 代數[二次方程式]; 幾何[前級同]; 體操[前級同]. 第一級 ○修辭[前級同]; 演說[前級同]; 作文[前級同]; 論理學[前級同]; 譯文[前級同]; 記簿法[前級同]; 歷史[前級同]; 物理學[前級同]; 代數[級數]; 幾何[前級同]; 體操[前級同]. ○校長, 一人; 教員, 四十人[本國人, 三十二; 他國人, 八]; 生徒, 三百七十七人[學資金, 每月, 五圓三十五錢, 官給, 八十九人].

體操傳習所

規則

體操傳習所, 為專授所關體育之諸學科, 選之所適本邦之體育法, 且養成體育學教員之所. ○體操傳習所生徒, 要合左諸格. 一, 年齡, 凡十八年以上, 二十年以下. 一, 軀幹, 凡五尺以上. 一, 健康, 歷種痘, 或天然痘, 且不罹肺病及不治病者. 一, 學識, 涉普通和漢學·英學, 略鮮筹術者. 一, 志望, 欲他日,

體育學敎員者. 一, 請入學者, 呈保證狀及履歷書於體操傳習所, 而受學識及軀幹·健康等之驗查, 合格則呈誓約書.

敎則

學科目: 體操術: 男子體操術, 女子體操術, 幼兒體操術, 美容術, 調聲操法. 英學: 讀方, 作文, 英文學. 和漢學: 讀講, 作文. 數學: 筭術, 代數學, 幾何學. 理學: 觧剖學, 生理學, 健全學等, 緊切關於體育諸學科及物理學·化學大意. 圖畫: 自在畫法, 幾何圖法, 透視畫法[但體操傳習所, 以授體育學, 爲本旨, 故英學以下諸科, 止於學其大要]. 學期及在學年限, 則分課程, 爲四學期, 各學期, 爲六個月, 在學期, 爲二年. 授業時間, 每日五時, 其內以一時半以上, 授體操術. 試業法, 每卒各學科之一部, 驗其成否, 至學期之末, 試各部之大體, 以之其等級. 與卒業證書式, 在學中, 行狀方正, 而學力相當者, 卒業時, 與其證書. 卒業生, 卒業後三年間, 文部省所命職務, 不得辭之, 但奉職, 不可超二年. ○校長, 一人; 敎員, 六人; 生徒, 二十八人[學資金, 每月六圓, 並官給].

圖書館

規則

舘內安聖像, 時許衆席來拜. 一, 設本舘之主旨, 在以所藏於舘中圖書, 廣供內國人及外國人之尤覽. 故遵守此規則者, 皆得登舘, 展閱所欲覽之圖書. 一, 本舘, 每日午前第八時, 開之, 午後第八時, 閉之[但每年, 自七月十一日, 至九月十日, 午前七時, 開之, 午後七時, 閉之]. 一, 乇期閉舘之時日, 如左. 歲首[一月一日]; 紀元節[二月十一日]; 掃除舘內日[自四月十五日, 至二十一日]; 曝書日[自八月一日, 至十五日]; 天長日[十一月三日]; 歲末[自十二月二十二日, 至三十一日]. 一, 本舘所藏圖書, 不許帶出舘外[但齋文部卿特許標者, 非此限]. 一, 新所購尤, 或所收受圖書, 六十日間, 不許出於舘外. 一, 辭書類及稀有貴重之圖書, 其他現行新聞·雜誌, 不許出於舘外[但新聞·雜誌發兌, 不過一月一回者, 除終尾二篇外, 或許帶出舘外]. 一, 官立學校敎員

及各廳吏員, 其他有裨益於敎育上者, 特欲帶出圖書, 以供其需用, 則憑文部卿特許標, 許之. 一, 憑文部卿特許標, 所帶出之圖書, 各人洋書限三冊, 和·漢書限十冊, 不得過十日. 一, 除本舘吏員外, 不許開閉書函. 一, 欲借覽圖書者, 記其書名及本人姓名·住所, 呈之舘吏, 而受其圖書[但於舘內, 謄寫其所借覽圖書, 無妨]. 一, 借覽圖書者, 若失之, 或汚損之, 則償還同樣圖書, 或相當代價, 其事未終, 不許更借覽他圖書. 一, 醉人, 不許登舘. 一, 在舘內, 禁音讀·雜話·吹烟, 又不許徘徊讀書塲外.

敎育博物舘

規則

敎育博物舘, 凡敎育上所需諸般物品, 金石·草木·鳥獸·虫魚·水陸動植之物, 無不備儲, 以資生徒之觀覽·搜討, 使之解說·模造·圖寫, 而謀世用. 錄其規則, 如左. 一, 本舘所蒐集物品, 係圖書及學校模型·動植物·金石類, 其他學校所用椅子·卓子等, 凡關敎育者. 一, 書籍類, 別設一室置之, 其書係學事報告·學校規則, 敎育家參考書·敎科書·敎育雜誌等. 一, 置內·外國所刊行書器目錄, 使欲購尤敎育上書器者, 易搜索. 一, 府·縣及公·私學校等, 欲購尤所關敎育上書器類於外國者, 隨時宜而應其請, 爲媒. 一, 學校敎員及敎育家, 有請就舘內所列物品, 研究實試學術者, 則隨時宜而許之. 一, 舘內所列物品及圖書, 不得携出於舘外, 但得舘長特許者, 非此限. 一, 動物之剝製及骨格, 植物·金石標本, 其他便益於敎育上者, 本舘製之, 以供敎育家參考, 有欲購尤之者, 則隨時宜而應其請. 一, 凡所列物品, 記製作者姓名·族籍, 但動植物·金石等, 並記所産地名. 一, 所蒐集物品, 悉類別之, 且刊行所解說之目錄. 一, 有寄贈物品於本舘者, 則記其姓名, 陳列之, 而交付領收證於本人. 一, 府·縣及公私學校等, 所寄贈學事報告及所試驗生徒答書·製作品之類, 雖可永保存之陳列之, 則時時交換新舊. 一, 爲就物品, 講究學科上之事理, 或說明器械之便否, 當招有志者, 又聘學士而相會. 一, 本舘, 每月月曜日及每年自十二月二十八日, 至一月三日, 開之, 其他每日限時, 開閉之. 一, 認狂疾或大醉者, 不許入舘內. 一, 在舘內, 勿喧囂, 勿有粗暴舉動. 一, 本室開閉時

限, 與本舘同. 然每年夏秋之際, 凡二週日, 為曝書期, 此期中閉室. 一, 借圖書物品之期, 在東京府下者, 為三週日間, 在他府·縣下者, 除往復日數, 為六週日間, 至期, 必當還納之, 但圖書, 雖期內, 至曝書期, 當還納之. 一, 失所借圖書·物品, 或點汚敗損之, 當購同樣圖書·物品, 或辨償相當價金, 此事未畢, 不得更借他圖書·物品.

學士會院
規則

一, 設本院之意, 在討議敎育之事, 評論學術·技藝. 一, 本院會員, 限四十人[但現今為二十一人]. 一, 選會員之法, 本院舉之, 文部卿, 可之. 一, 舉會員, 以投標多寡, 乞之, 若二人以上, 其數同, 則舉年長者. 一, 會員, 每年, 受金三百圓. 一, 會員次序, 以其姓氏頭字, 配當伊呂波之順次, 以之之[譯者曰: 伊呂波, 集本那假字四十八, 為長歌者, 遍膾炙海內人口]. 一, 會員中, 選之會長一人, 其在任, 為六月. 一, 會長, 統轄本院. 一, 會長, 發議案·討論可否·投標等, 都與會員同. 一, 本院書記, 為五人以下. 一, 書記, 屬會長, 整理本院庶務. 一, 發議案者, 記其意旨, 出之. 一, 他所送致案, 會員中, 有主之者, 則得付之討論. 一, 文部卿及其代理人, 得參本院會議, 發議案及討論之. 一, 文部卿及其代理人, 不得加於可否與投標之數. 一, 本院議事, 以評論討議爲主. 故非會員過半之議, 不要決可否. 一, 要可否者, 決之於多數. 一, 以會員四分之三以上, 同議決之, 而經文部卿之認可. 一, 以每月十五日, 相會. 一, 本院諸費, 文部省, 給之.

行護軍 臣趙準永.

문부성 소할목록

초판 1쇄 | 2017년 10월 31일

편 자 | 조준영
역 자 | 신창호
디자인 | 임나탈리야
브랜드 | 우물이 있는 집

펴낸이 | 강완구
펴낸곳 | 써네스트

출판등록 | 2005년 7월 13일 제2017-000025호
주 소 | 서울시 마포구 망원로 94 2층 203호
전 화 | 02-332-9384   **팩 스** | 0303-0006-9384
이메일 | sunestbooks@yahoo.co.kr
ISBN 979-11-86430-55-2 (93370)   값 15,000원

이 도서의 국립중앙도서관 출판예정도서목록(CIP)은 서지정보유통지원시스템 홈페이지
(http://seoji.nl.go.kr)와 국가자료공동목록시스템(http://www.nl.go.kr/kolisnet)에서 이용
하실 수 있습니다.(CIP제어번호: CIP2017026246)